I0002369

La méthode underground des auteurs auto-édités

La stratégie et les secrets d'un expert pour hacker Amazon KDP, publier vos livres et exploser vos ventes !

Stan Juliann

Selon le code de la propriété intellectuelle, copier ou reproduire cet ouvrage aux fins d'une utilisation collective ou commerciale est formellement interdit. Une représentation ou une reproduction partielle ou intégrale, quel que soit le procédé utilisé, sans que l'auteur ou ayant droit n'ait donné son accord, relève d'une contrefaçon intellectuelle aux termes des articles L.335 et expose les contrevenants à des poursuites.

Première édition, 2020

Table des matières

Introduction : Un avant-goût de motivation

Chapitre 1 : Trouve la niche parfaite

Chapitre 2 : Le plan détaillé

Chapitre 3 : Rédiger ton livre

Chapitre 4 : Une relecture efficace

Chapitre 5 : Un titre ravageur !

Chapitre 6 : Une couverture encore plus sexy qu'une strip-teaseuse

Chapitre 7 : Publier sur Amazon Kindle Direct Publishing

Chapitre 8 : une description produit persuasive (un bon copywriting)

Chapitre 9 : Booster tes ventes !

Chapitre 10 : les 8 erreurs à ne pas faire

Chapitre bonus : Faire rédiger son livre pour un prix qui défie toute concurrence

Épilogue

Introduction : Un avant-goût de motivation

Le cash, le pognon, la thune, le fric, l'oseille, le biff... Je pense que tu reconnais déjà tous ces mots, ils caractérisent ce dont nous rêvons tous pour la plupart : l'ARGENT !

Chaque individu, peu importe son âge, sa classe sociale et son degré de réussite, pense à un moment ou un autre de sa vie - *et même je dirais chaque mois, voire semaine* - à l'argent. Si tu penses être le seul à avoir des rêves de grandeur, des rêves de liberté (qu'ils soient d'aspect financier ou même de liberté géographique), laisse-moi te dire que tu es tout simplement comme 95% de l'ensemble de la population mondiale. - *tu pensais être unique n'est-ce pas ? Dans ce domaine, je t'assure que tu es loin d'être le seul. Qui n'a jamais entrepris de rêver un peu en s'imaginant comme Picsou nageant dans sa montagne d'or ?* -

Nous recherchons tous de l'argent, que ce soit directement - *en voulant devenir "riche"* - ou indirectement. - *en voulant suffisamment d'argent pour pouvoir vivre correctement* - Bien entendu, l'argent, heureusement, n'est pas l'unique but de notre belle mais courte existence. Cependant, il fait partie d'un des trois piliers majeurs dont nous voulons tous : à savoir l'argent, la santé et les relations. - *bon j'espère tout de même que tu as d'autres rêves en tête comme escalader l'Himalaya ou être un grand musicien ou même un pilote de formule 1* - Mais Il faut bien que tu te mettes une chose en tête si tu veux pouvoir en gagner en abondance ! Le fric n'est ni bon, ni mauvais. Tu vois, le blé, c'est tout simplement un moyen de vivre comme tu l'entends, de t'acheter toutes sortes de choses qui brillent (comme un diamant de 24 carats au bout de ton annulaire ou bien une Rolex en or à ton poignet gauche). Mais l'argent ce n'est pas seulement ce qui brille, non, loin de là. L'argent, c'est également un moyen de soutenir des causes qui te tiennent à cœur, comme l'association "action contre la faim", venir en aide à un village défavorisé… En fait, peu importe la cause que tu poursuis au long de ta vie ou les valeurs que tu as, qu'elles soient bonnes ou mauvaises, l'argent amplifiera simplement ta personnalité. Je m'explique : imaginons que tu sois une crevure, égoïste, imbu de lui-même et avec un égo surdimensionné, à sortir chaque soir prendre de la cocaïne, du champagne et des p****, c'est évident que l'argent amplifiera cette part de toi. L'argent, c'est avant tout "ta voiture, ton moyen". Sans ce moyen, pas de vacances, pas de sorties, pas de toit au-dessus de ta tête… Une veste Gucci ? Tu rêves ! Tu n'aurais même pas de quoi manger sans argent, tu mourrais de faim la gueule ouverte dans le caniveau et tu sais quoi ? Personne ne se préoccuperait de ton sort.

Dans notre société actuelle, l'argent a pris une place centrale dans les mœurs. Il est devenu roi et nous sommes tous ses sujets : vous, Elon Musk, JK Rowling et moi-même. Je sais, c'est assez difficile de l'imaginer ainsi et pourtant l'argent fait tourner le monde et a toujours été le roi incontesté sur notre planète. Certains tuent, trichent, mentent, volent, n'ont et n'auront jamais aucun scrupule pour en avoir par tous les moyens.

Mais dans ce monde pourtant si développé, à la pointe de la technologie dans de nombreux domaines, penses-tu que les individus ont réussi à obtenir autant d'argent qu'ils le souhaitaient comparé au siècle dernier ? Penses-tu qu'ils soient aussi heureux qu'ils le voudraient ? Tu connais déjà malheureusement la réponse, NON. La triste réalité, c'est que seulement 33% des Français sont très heureux dans leur vie quotidienne. Alors oui, évidemment beaucoup d'évènements graves et marquants nous arrivent à longueur de temps (un décès, un accident, un proche atteint du cancer...) et l'argent n'a rien à faire dans ces domaines-là Et pourtant, avec l'argent, on peut se payer les meilleurs soins hospitaliers, la meilleure maison de retraite pour ses parents... On peut acheter énormément de choses avec l'argent, mais pas le bonheur, c'est un fait indéniable. Et pourtant, l'argent a beau ne pas faire le bonheur, il y contribue fortement.

Si tu prends la population mondiale, seuls trois pourcents atteindront leur rêve de grandeur, de succès et de liberté, - *et bien entendu d'argent !* -. Le reste de la population, malheureusement, restera coincé dans un boulot pas si exceptionnel, sous les ordres d'un énième patron doté du charisme d'un "néo-dictateur", à trimer en attendant la retraite - *pour les pays qui en disposent toutefois. Regarde simplement aux États-Unis, beaucoup de personnes en âge d'être à la retraite continuent pourtant de travailler* -, ou sinon à attendre la mort.

Un peu radical comme approche ? Probablement, mais maintenant tu sais à quoi t'attendre tout au long de ce livre. Je n'y vais jamais par 4 chemins : quand il faut dire les choses qui dérangent, je ne me gêne absolument pas, cela peut certes être blessant, mais la vérité est dite. Il existe 2 types de personnalités sur cette terre - *en réalité il en existe bien plus, mais c'est pour l'exemple que je vais employer* -, il y a nous - *oui, si tu lis ce livre, alors tu es toi aussi de mon côté et bienvenue dans le bon côté* - et puis il y a les autres, ceux qui sont gagnés par la procrastination, la luxure, la jalousie et l'envie tout au long de leur vie. Je ne dis pas que nous ne possédons pas ses traits de personnalité, seulement nous, nous nous battons pour réussir et provoquons nous-même notre chance. Tu étais loin de te douter que ça allait tourner comme ça après ta naissance n'est-ce-pas ? Et pourtant, tu t'es laissé gagner par le plaisir et le confort du monde moderne. Laisse-moi te dire que le monde est juste un peu plus pourri chaque jour. C'est une triste réalité et la seule façon d'y remédier est de nous dépasser, puis de soigner le monde à notre manière. Pour s'en sortir, il faut faire sa place et vivre sa vie comme on l'entend. Tu ne pourras jamais compter sur personne pour te faire atteindre les sommets de la liberté et du choix, tu vois ce dont je parle ? Pas la liberté de passer la journée avachie devant des séries tout juste moyennes sur Netflix pour te faire oublier ta petite vie qui n'est pas celle dont tu rêvais et ton travail que tu trouves minable, non ! Je te parle de la vraie liberté, celle d'aller savourer un cocktail en regardant un spectacle dans les rues de Rome, d'aller passer un petit mois à Bali avant de rentrer pour faire ce qui te plaît et non travailler inlassablement sous les ordres de "Mussolini".

Comment faire partie de ces 3% qui réussissent ?

Autant te le dire tout de suite, il n'existe aucun secret, aucun raccourci : ils se sont tout simplement mis au travail. Quand ton envie d'arrêter de continuer à vivre comme tu le fais, de vivre des expériences enrichissantes et de découvrir le monde prend le pas sur toi, à ce moment bien précis, cette envie se transforme en HAINE ! Une haine ardente de réussir. Crois-moi, j'en ai fait l'expérience. Même si je ne gagne pas des millions d'euros chaque mois, j'ai de quoi vivre décemment, travailler quand je le souhaite et tu sais quoi ? Cette vie me plaît ! Si je n'avais pas laissé ma niaque prendre le contrôle sur moi, dieu seul sait où j'en serais aujourd'hui.

Forcément, je ne te garantis pas qu'avec ma méthode tu vas gagner des sommes astronomiques avoisinants les milliards - *il existe seulement 2000 milliardaires sur la planète à ce jour* -, mais tu risques fortement d'en gagner suffisamment pour être libre d'avoir le choix. Le choix de faire ce que tu désires et ce que tu veux pendant tes journées, le choix de décider toi-même de la tournure que ta vie va prendre.

À travers ce livre, je ne vais malheureusement pas t'apprendre la méthode pour générer des milliards de bénéfices en 3 mois. - *pourtant qu'est-ce que j'aimerais !* - Mais je vais tout de même t'apprendre LA méthode qui peut te rapporter plus de 10000€ chaque mois, année après année, si toutefois elle est utilisée correctement ! Avoue tout de même que ça semble intéressant non ? - *t'aurais-je mis l'eau à la bouche ?* -

Je ne te ferai pas de promesses en l'air. Je t'offre la carte qui te mettra sur le bon chemin. Tandis que la boussole, la direction à suivre, il n'y a que toi qui peut la tracer vers le chemin de ton bonheur.
Oublie littéralement toutes ces personnes qui diabolisent l'argent et qui l'utilisent n'importe comment. L'argent n'est qu'un moyen, seul l'utilisateur décide de ce qu'il veut en faire. Alors je veux que tu supprimes toutes ces idées préconçues que tu as sur le fric : l'argent est ta voiture, à toi de la faire rouler.

L'erreur de la plupart des auteurs, c'est tout simplement de passer des mois, voire des années, à essayer d'écrire leur premier livre, mélangeant sang et encre, quitte à se tuer à la tâche. Puis lorsque vient le moment de le publier fièrement et de générer des ventes, eh bien il ne reste plus grand monde et tout ce travail acharné n'aura rapporté que des clopinettes.
Une stupide histoire d'amour avec des vampires - *oh p**** encore un !* - qui vient rejoindre la montagne de livres inutiles pour prendre la poussière sur les étagères d'Amazon. Et malheureusement, ce n'est pas du tout encourageant à continuer d'écrire. Ils retournent donc pour la plupart dans un travail qui les font littéralement déprimer, oubliant leurs rêves, se disant que ce n'est pas pour eux, jusqu'au moment où ils passeront d'être à était.

Peut-être qu'ils auront continué à écrire de temps en temps à titre de loisir, mais pour la plupart ils n'auront pas su se relever après ce premier et unique échec. Ces personnes-là, celles qui abandonnent au moindre petit obstacle, ne connaîtront jamais le succès tant espéré. Un vieil adage dit que quand on tombe de cheval, il faut tout de suite remonter dessus. Eh bien cet adage est en partie faux. *- je suis en train de m'attaquer à beaucoup de tes croyances là non ? -* "La folie c'est de faire toujours la même chose en s'attendant à des résultats différents" Albert Einstein. Lorsque tu tombes de cheval - *dans notre cas quand on rencontre un obstacle ou un échec -*, avant de remonter dessus, analyse : pourquoi es-tu tombé ? Remédie au problème et remets-toi en selle ! Mais ne reste pas au sol et ne remonte pas sans avoir analysé ce qui ne va pas.

Le problème, c'est que la plupart des auteurs ne possèdent pas de stratégie efficace pour générer des ventes. Un des derniers livres que j'ai moi-même publié m'a rapporté 1000€ de redevances le premier mois de sa sortie. Et il continue, chaque mois, à m'apporter entre 600 à 1200€. Pour un livre que j'ai écrit en 3 petites semaines. Ce n'est pas un best-seller, je ne vends pas des millions d'exemplaires, mais j'en vends entre 3 et 6 par jour. Je ne l'ai pas écrit en 3 ans, non, en 3 semaines seulement ! Il fait très exactement 160 pages, comporte quelques images et n'est pas vendu à un prix excessif. *- 19,95€ -* Je suis même d'ailleurs convaincu que tu peux faire bien mieux que moi juste en suivant cette stratégie et ces astuces underground.

J'avais les compétences, la plume, un bon prix et surtout la stratégie la plus efficace qui a fait ses preuves à maintes reprises ! Mais qui suis-je pour t'apprendre comment faire de l'argent sur Amazon ? Eh bien laisse-moi te raconter un petit bout de mon histoire. Depuis que j'ai commencé en 2017 l'écriture de livres sur la plateforme Amazon KDP, j'ai vécu des hauts et des bas. *- ok surtout beaucoup de bas, mais je me suis toujours relevé et je me suis toujours battu peu importe l'adversaire -*

En 2017, je sortais mon premier livre, une sorte de remake débile de World War Z, - *je suis un grand fan des zombies de Roméro* - j'en ai tiré très exactement 25€ de redevances en 3 mois ! J'étais alors dépité, énervé contre moi-même, me traitant de bon à rien, d'idiot, je me suis dit : bordel, mais comment les autres font pour vendre des livres ? J'ai décidé d'arrêter les frais et de supprimer mon livre d'Amazon. J'ai par la suite boudé quelque temps. - *oui oui j'ai boudé, je n'avais pas écrit une seule ligne en 4 mois, alors que j'adorais ça* -

Cette question continuait pourtant à tourner dans ma tête : comment les autres auteurs font pour générer suffisamment de revenus avec leurs livres ? J'ai passé plusieurs mois à chercher les réponses à mes questions et puis un jour, sans crier gare, la révélation ! Enfin ! - *surtout des centaines d'heures de recherches, les astuces ne sont pas apparues comme ça* - Il n'y a que 3 moyens légitimes pour vendre un livre efficacement. Tu sais à quoi ça tient ? Eh bien une couverture qui attire l'œil, un titre ravageur et une page de vente de qualité digne de David Ogilvy. - *un des plus grands esprits créateurs dans le domaine de la pub* - Voilà les 3 points qui feront qu'un livre se vendra ou non. Bien évidemment, le contenu du livre doit être de qualité, intelligible et compréhensible. Mais ce n'est pas le contenu qui va faire vendre : ce sera ta capacité à non seulement te démarquer, mais aussi à attirer les potentiels acheteurs pour qu'ils ne pensent plus qu'à une seule chose : TON livre, et se disent "je veux en commander un maintenant !"

Depuis 2017, j'ai rédigé une vingtaine de livres, tous sur des sujets différents et tu sais quoi ? J'ai pu quitter mon boulot - *qui était merdique, je travaillais dans une chaine de restauration rapide* - et je gagne aujourd'hui aux alentours des 7 à 12000€ chaque mois depuis, simplement en revenu passif !

Qu'est-ce que ça veut dire ? Cela signifie que si j'arrêtais d'écrire, je continuerais à gagner ce montant chaque mois. - *bon peut être pas jusqu'à la fin de ma vie, parce que si je n'actualise pas mes livres ou n'en produit pas de nouveau, mon revenu va au fil du temps baisser. Rien n'est jamais éternel, mais tu as compris l'idée* - Je ne suis nullement là pour me vanter ou afficher une quelconque supériorité car je n'en ai aucune. J'ai connu l'échec, les assiettes à nettoyer, les couverts à ranger et les toilettes à récurer. Et maintenant, je suis en train de connaitre une légère touche de succès, mon propre succès. - *et laisse-moi te dire une chose : si je devais tout perdre aujourd'hui et repartir de zéro, je le ferais à nouveau sans hésiter ! Pourquoi ? Ce n'est pas l'objectif qui compte, c'est le chemin vers la réalisation de cet objectif* - La vérité, c'est que beaucoup de personnes doivent très probablement gagner bien plus que moi. Mais je peux vivre comme je l'entends, travailler quand j'en ai envie, et ça, ça n'a pas de prix. J'ai suffisamment d'économies pour vivre confortablement. Pas dans le luxe, mais dans le confort, en choisissant ce dont j'ai envie quand j'en ai envie. - *pour te dire, je roule en Peugeot 307 de 2003 qui pétarade et à chaque fois que je tourne la clé dans le contact, je prie pour qu'elle démarre. Mais c'est ma voiture, je n'ai pas besoin d'un truc tape-à-l'œil* - En France, c'est extrêmement tabou de parler d'argent malheureusement. Mais pourquoi enfin ? Aux Etats-Unis, tout le monde dit à tout va combien il gagne, et chacun est content pour les autres. Pour ma part je suis fier de gagner dans les 9000€ chaque mois et je veux que tu en sois fier aussi ! - *bon pas de moi, mais de toi !* - Peu importe le revenu que tu gagnes aujourd'hui, je veux que tu sois fier du revenu que tu vas générer tout seul, par toi-même, sans patron, même s'il n'existe pas encore. Si tu te considères déjà comme riche, alors la richesse ne sera qu'à portée de tes bras. Imagine-toi recevoir chaque mois un chèque de 10000€, quel effet ça te fait ? Ça te motive n'est-ce pas ? C'est tout le principe. Dis-toi simplement que pour le moment, tu ne peux pas les encaisser. Mais que dans 2 ans très exactement, tu empocheras tous les mois ce chèque de 10000€. 2 ans de travail en échange de ta liberté financière, franchement, de toi à moi, ça vaut le coup non ?

Certaines personnes gagnent des centaines de milliers d'euros chaque mois, mais sont-elles libres ? Si elles décident de tout arrêter, vont-elles continuer à gagner autant d'argent ?

Pour illustrer mes propos, voici une histoire que j'apprécie tout particulièrement : celle de l'homme d'affaires et du pêcheur. Je n'ai malheureusement pas réussi à retrouver d'où je tiens cette histoire. - peut-être peux-tu m'aider ? Si tu l'as déjà entendue, qui te l'a raconté ? Où l'as-tu vue ? Envoie-moi un petit mail, ça m'aiderait beaucoup ! Je déteste ne pas me souvenir de quelque chose. Je te donnerai mon adresse mail à la fin de ce livre, ne t'en fais pas -

"Un jour, un pêcheur se reposait tranquillement sur une plage avec sa canne à pêche plantée dans le sable et sa ligne tendue, dans une eau d'un bleu magnifique. Il se prélassait dans la chaleur de l'après-midi et attendait d'attraper un poisson qui passerait par là.

Au même moment, un homme d'affaires se baladait sur la plage, essayant de décompresser de sa journée de travail stressante. Il remarqua alors le pêcheur assis et se demanda pourquoi ce dernier pêchait au lieu d'aller travailler pour lui et sa famille.

« Vous n'allez pas attraper beaucoup de poissons de cette manière » dit l'homme d'affaires au pêcheur. « Vous devriez travailler au lieu de vous reposer sur la plage ».

Le pêcheur regarda l'homme d'affaires, sourit et lui répondit : « Et qu'est-ce que j'y gagnerais ? »

« Eh bien, vous pourriez utiliser de plus grands filets et attrapez plus de poissons ! » répliqua l'homme d'affaires.

« Et qu'est-ce que j'y gagnerais ? » répondit le pêcheur, toujours souriant.

L'homme d'affaires répondit : « Vous feriez beaucoup d'argent et vous seriez en mesure d'acheter un bateau. De plus grosses prises de poissons en découleraient.

« Et qu'est-ce que j'y gagnerais ? » répondit le pêcheur à nouveau.

L'homme d'affaires commença à être de plus en plus irrité par la question du pêcheur.

« Vous pourriez acheter un bateau encore plus gros et embaucher des gens qui travaillent pour vous » dit-il.

« Et qu'est-ce que j'y gagnerais ? » répéta encore une fois le pêcheur.

L'homme d'affaires se mit en colère : « Ne comprenez-vous pas ? Vous pouvez agrandir votre flotte de bateaux de pêche, parcourir le monde entier et laisser vos employés attraper du poisson pour vous ! ».

Une dernière fois, le pêcheur demanda, « Et qu'est-ce que j'y gagnerais ? »

L'homme d'affaires devint fou de rage et cria sur le pêcheur : « Ne comprenez-vous pas que vous seriez si riche que vous n'auriez plus à travailler de votre vie ! Vous pourriez alors passer le reste de votre vie assis sur la plage à regarder le coucher du soleil. Vous n'aurez plus à vous préoccuper du monde ! ».

Le pêcheur, toujours souriant, le fixa, acquiesça et dit « et à votre avis, que suis-je en train de faire maintenant ? »

Il regarda alors le coucher du soleil, avec sa ligne dans l'eau, sans se préoccuper du monde qui l'entourait.

L'homme d'affaires parti sans un mot et démissionna dès le lendemain."

Cette histoire pose une grande question en fait, celle de la finalité et du sens. A quoi sert ce que je fais ? Et pourquoi je le fais ? Avoir plus, mais pourquoi faire ? Rien ne sert de se tuer à la tâche si on ne peut même pas profiter des choses importantes dans la vie ? À savoir notre famille et nos amis. Personnellement, je préfèrerais gagner 1000€ par mois et être totalement libre, que 100 000€ par mois et être enchainé à mon travail comme un esclave.

Au travers de ce guide je vais t'apprendre à non seulement écrire sur un sujet qui intéresse les gens, - *parce que oui, si tu me ponds une sordide histoire de vampire encore une fois, je vais faire une syncope et venir aspirer moi-même ton sang !* - Mais je vais surtout t'apprendre la stratégie pour VENDRE, la stratégie la plus efficace, qui a fait ses preuves à maintes reprises au fil du temps.

Alors maintenant, tu vas devoir faire très attentivement ce que je vais te dire. – *t'as vu c'est un livre interactif, sauf que là, au lieu de contrôler le héros, c'est moi qui te donne des choses à faire ! Et fais-les dans l'ordre s'il te plaît* – Prend ton téléphone, déverrouille-le, éteins-le ou met le mode avion. Va faire chauffer de l'eau et fais-toi un petit thé ou un petit café. Enfile tes lunettes et lis ce livre entièrement, d'une traite ! – *t'en fais pas il n'est pas très long* – Tu pourras revenir dessus plus tard pour approfondir et publier ton livre étape par étape grâce à ce guide. Mais il faut impérativement que tu aies une vue d'ensemble au préalable, c'est primordial. Cela permettra notamment de laisser libre cours à ta créativité, et surtout à tes idées de fuser dans tous les sens.

Quoi ? Tu pensais qu'en une seule lecture tu allais connaitre ce livre par cœur et générer 15000€ par mois en travaillant 10 minutes par jour ? Je crois que tu rêves un peu trop. Un bon conseil, redescend du pays des Bisounours et reviens sur terre, je ne te fais pas de promesses intenables d'accord ? Tu peux générer 15000€ de bénéfice chaque mois et tu sais quoi ? Tu vas générer 15000€ ! Allez, répète-le à haute voix, crie-le s'il faut ! Je vais générer 15000€ par mois. C'est tout ? Allez encore une fois !

L'essentiel, c'est d'y croire. Le reste viendra en temps et en heures. Tu peux même être capable d'en générer 15000 comme 1 million, si c'est ça qui t'excite. Mais si tu crois que tu ne vas rien foutre, laisse-moi te le répéter : redescend sur terre ! Je ne suis pas un de ces gourous autoproclamé de YouTube qui va te dire : "réalise 20000€ par mois en tapotant sur ton clavier !" J'espère que tu ne crois pas à ce genre de conneries. Si tu ne comptes faire aucun effort pour ton avenir, alors referme ce guide immédiatement : il te fera plus perdre de temps qu'autre chose. Va donc jouer à ta PS4, tu rentabiliseras mieux ton temps. Tu veux réussir ? Il suffit de t'investir et le reste suivra. "Oui mais Stan, je travaille déjà à temps plein et le soir quand je rentre je suis fatigué, j'ai envie de regarder la télé !" Bordel, ne me donne pas ce genre d'excuses hein ! Même si tu bosses, écrire une heure par jour, c'est, de un, pas la mer à boire, et de deux, tellement relaxant ! Tu verras, fais-moi un peu confiance et je t'assure que si tu suis mes conseils, ma méthode et ma stratégie, le succès est à ta portée, vraiment. Bon, j'espère t'avoir suffisamment motivé ? Tu es en conditions ? Tu as éteint ton téléphone ? Tu as sucré ton thé ? Alors c'est parti, bienvenue dans l'Amazon KDP Underground pour les auteurs !

Chapitre 1 : Trouve la niche parfaite

Qu'est-ce qu'une niche ?

Avant de développer une stratégie efficace pour exploser tes ventes, il convient de trouver l'angle d'attaque intéressant et approprié sur lequel se positionner. Qu'est-ce qu'une niche ? C'est assez simple à vrai dire. Une niche, c'est un petit segment de marché, qui répond à une demande très spécifique de la part d'une petite partie de clients.

Sur un marché de niche, on se limite volontairement à exploiter un segment particulier en jouant sur la valeur perçue et non sur les coûts. Le client qui est à la recherche d'un produit spécifique est capable de mettre le prix pour se le procurer. Le prix ne sera pas un frein à l'achat sur ce segment très peu concurrentiel. Un marché de niche ne te met pas en confrontation directe avec des concurrents. Pour une idée un peu plus métaphorique, reprenons la théorie de Renée Mauborgne : "l'océan bleu", par opposition à "l'océan Rouge". Rouge pour le sang des concurrents qui s'entretuent. L'objectif principal est d'élargir son activité sur des marchés insuffisamment explorés ou bien inexplorés. C'est ainsi que l'on créé de la valeur sur des demandes et des besoins émergents, que ni la concurrence, ni les savoir-faire actuels, ne peuvent contrer. Si nous prenons un exemple plus général - qui n'a rien à voir avec le domaine des livres - Parlons un peu de l'application Uber. Uber a vu le jour suite à la frustration de son créateur pour trouver un taxi facilement et rapidement. Il était impossible de suivre le taxi en temps réel, il fallait regarder dans absolument toutes les directions pour savoir où il était et quand il arrivait. On passait donc son temps à stresser et à chercher ce taxi. Une fois que l'on montait dedans, le prix devenait très vite exorbitant : on se demandait même si le chauffeur ne prenait pas de détours pour rallonger la course et donc la note. Qui plus est, leur amabilité ambiante était aussi affectueuse que la vieille aux chats du quartier. Voici comment est né le service Uber.

Dans notre cas, un exemple de niche pour un nouveau livre serait : l'Amazon KDP Underground, la stratégie pour vendre en tant qu'auteur ! Ça c'est ma niche, une stratégie hors du commun, niche qui pourrait potentiellement vendre beaucoup. Tandis qu'un livre sur : publier vos livres facilement, ce n'est pas une niche, mais un marché - *un sous-marché pour être plus précis* -, plutôt très concurrentiel d'ailleurs. Si aujourd'hui tu sors un livre sur ce sujet sans avoir la petite étincelle qui te démarque de la concurrence, je te garantis que tu ne risques pas d'en vendre beaucoup. Même 1 sera déjà un exploit.

Concernant ton livre, il faut que tu évites la tendance coûte que coûte. Les sujets qui sont relatifs aux modes, on le sait tous, ne durent jamais. Tu risques probablement de vendre quelques exemplaires pendant 1 an si tu es chanceux, mais après ça, ça risque d'être difficile de continuer à vendre sur le long terme. Prenons comme exemple écrire un livre sur le coronavirus, - *qui est à ce jour un sujet d'actualité profondément ancré* - cela pourrait même être un très bon sujet d'actualité - *comme par exemple : le complot du coronavirus* - et tu peux même potentiellement vendre plusieurs exemplaires par semaine. Mais malheureusement, d'ici 6 mois à 1 an, ton livre n'intéressera plus personne : la crise du Covid sera passée et tout le monde retournera à ses petites affaires sans s'en préoccuper. Évite les tendances comme la peste ! C'est rentable sur le court terme, mais c'est tout. Ce n'est pas une stratégie très efficace, même s'il faut l'avouer, ça peut te générer un bon revenu.

La théorie Underground

Selon ma théorie underground, il existe 3 marchés principaux sur lesquels écrire, pour vendre efficacement et sur le long terme sur la plateforme Amazon. Ces 3 marchés représentent l'écrasante majorité des ventes de livres en France et dans le monde.

➤ L'argent

➤ Les relations

➤ Et la santé

Oublie donc tes envies d'écrire le nouveau Harry Potter, - *du moins pour le moment* - tu risques malheureusement de te planter. Les livres de fiction, il en existe beaucoup. Et malheureusement pour ce secteur-là, c'est très difficile de se faire une vraie place et d'en dégager de bons revenus, à moins d'être un auteur quelque peu connu. Si tu vas faire un tour sur Amazon et que tu cherches des livres de fiction, tu verras par toi-même que la plupart des prix - *ebook et livres broché confondus* - tournent entre 2,99€ pour les ebooks et 10-12€ maximum pour les livres brochés. - *Bien entendu, sauf pour un auteur connu qui peut profiter de sa notoriété, ça va de soi -*

Avec un livre de non-fiction, tu peux largement doubler, si ce n'est tripler tes prix. Surtout si tu exploites une niche. Tu peux fixer les prix que tu as envie, sans craindre de rebuter le client à acheter ton livre. Généralement, je vends mes ebooks entre 5 et 8€ et mes livres brochés entre 20 et 40€. Avoue tout de même que ça semble plus rentable que 2,99€ - *En plus, sur un livre à 2,99€, tu toucheras à peine 1,67€ dessus* - pour un livre de 300 pages sur une histoire de gobelins que 3 tondus vont lire. N'est-ce pas ? Évite à tout prix d'écrire des livres de fiction pour le moment et concentre-toi sur la théorie Underground et ses 3 marchés principaux, à savoir l'argent, les relations et la santé. Après, bien entendu, si écrire des livres de fiction te plaît, libre à toi d'en écrire. Mais ne fais pas que ça. Tu verras rapidement la différence au niveau des prix, mais aussi et surtout au niveau des ventes.

Fais bien attention à ne pas confondre les sous-marchés et les niches.

Comment différencier un sous-marché d'une niche ?

Prenons un exemple pour chacun des 3 secteurs :

Pour le secteur de l'argent :

➤ « Gagner de l'argent grâce à l'immobilier », c'est un sous-marché (très concurrentiel d'ailleurs pour les livres).

➤ Tandis que « gagner de l'argent grâce à Airbnb », c'est une niche.

Pour le secteur de la santé :

➤ « La prise de poids » serait le sous-marché - *inutile de parler de la perte de poids qui est un secteur saturé dans tous les sens -*

➤ Tandis que la niche serait « la prise de poids sans effort avec le programme X ! » - *qui pourrait d'ailleurs être une très bonne idée de livre ! -*

➤ Ou bien « arrêter de fumer » serait le sous marché.

➤ Et « arrêter de fumer grâce à la méthode Allen Carr », c'est la niche (qui lui a d'ailleurs rapporté une sacrée fortune).

Pour le secteur des relations :

➤ « Développer votre réseau » serait le sous marché.

➤ Tandis que « faites-vous des amis pour ce que vous êtes vraiment et sans faire le Paon », c'est la niche.

Est-ce que le principe de niche te semble déjà plus clair ? Bien entendu, c'est un exercice difficile. Au début, ce n'est pas simple de trouver des niches et surtout des niches rentables. Mais après quelques entrainements à te creuser la tête, après quelques heures de recherches, tu verras que les idées apparaitront d'elles-mêmes en te baladant sur la bibliothèque Kindle d'Amazon.

Pour trouver des idées de niches, tu peux aussi aller regarder les best-sellers du moment sur Amazon. Mais ce que je te conseille, c'est d'aller sur le "New York Times bestsellers" et chercher les meilleures ventes aux États-Unis. Généralement, les États-Unis sont largement en avance sur le marché français. Mais fais tout de même très attention : il arrive souvent que les best-sellers du moment soient des sujets d'actualité. Alors analyse bien de quoi parlent les livres et commence par trouver un secteur, - l'argent, la santé, les relations - Puis affine ta recherche pour trouver un sous-marché et enfin affine encore pour trouver la niche. Puis il convient d'aller vérifier si la niche serait potentiellement rentable ou si elle intéresserait les gens. Tu peux aussi aller faire un tour sur les best-sellers d'Amazon aux États-Unis et en France, cela te donnera une petite idée de vers quoi te tourner pour l'écriture de ton prochain (ou premier) livre.

J'ai aussi un petit outil gratuit à te proposer, efficace pour espionner les différents livres d'Amazon rapidement et sans perdre de temps. Télécharge l'extension pour Chrome "AMZ seller browser". Une super petite extension qui te donnera directement les rangs et les informations sur les livres à partir de la page de recherches. Tu n'auras pas à passer 3 heures à chercher les informations en cliquant sur chaque livre qui t'intéresse, pour finalement te rendre compte que ce livre ne se vend pas. Tu tomberas directement sur les livres à fort potentiel, et ainsi tu peux savoir quel genre de livre en vaut la peine.

Sur la photo, tu peux ainsi voir que "la vie est un roman" de Musso est classé 18ème dans les meilleures ventes de livres d'Amazon, tandis que le titre en haut est classé 105 766 - qui est d'ailleurs déjà un très bon score - Analyse les titres qui ont un classement inférieur à #400 000. Le reste, ne t'en préoccupe pas, perte de temps assurée.

Pour l'instant, ne te soucie pas trop de la concurrence. S'il y a d'autres livres sur la niche, vas-y fonce ! Le marché est bon, il semble mature. Eh bien entendu je parle de niche, pas de marché ou alors pas en concurrence directe avec les gros auteurs - *comme Robert Kyosaki, Tim Ferris…* - Si tu ne trouves aucun livre sur un domaine en question, tu as deux choix qui s'offrent à toi. Soit essayer d'être le premier et donc numéro 1 sur cette niche, mais ça risque de prendre du temps. Car s'il n'y a aucun livre sur le sujet, c'est que les gens ne cherchent généralement pas de livre sur ce sujet, du moins pour le moment. Soit, laisse tomber directement et cherche une autre niche avec quelques concurrents. Il te faut une petite dizaine de concurrents directs dans le secteur. Mais sois le seul à proposer un ouvrage sur un certain aspect de ce sujet bien spécifique.

Tu peux aussi utiliser l'outil de Google "planificateur de mots-clés" pour t'aider dans tes recherches et voir si un certain thème est recherché sur Google. Mais attention, Google n'est pas Amazon et inversement.

Voici comment créer un compte sur Google Ads :

➤ Recherche sur google : « google ads » puis clique sur « commencer ».

➤ Clique sur « nouveau compte google ads », la création est automatique avec une adresse mail gmail.

➤ Ensuite, choisis n'importe laquelle des options sur "votre principal objectif publicitaire"

➤ Automatiquement, google te demande un nom d'entreprise et une adresse d'un site web. Tu ne peux pas passer outre ces étapes : elles sont indispensables pour avoir accès à l'outil de planification de mots-clés. Tape un nom au hasard et un site web au hasard, on s'en fiche.

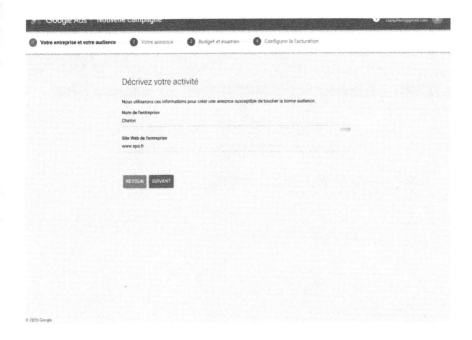

➤ Sur la rubrique « où se trouvent vos clients », clique directement sur « suivant ».

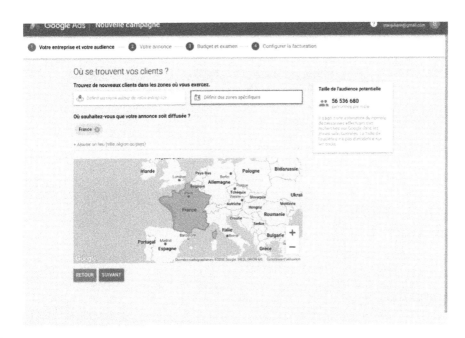

➤ Pour les thèmes de mots-clés, clique directement sur « suivant ».

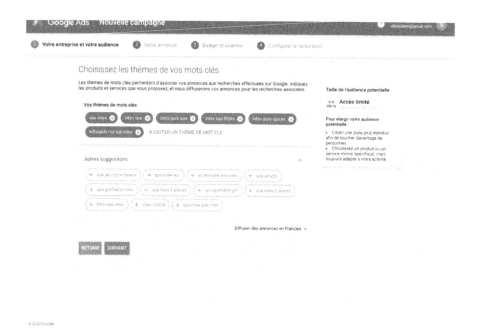

➤ Pour rédiger l'annonce, idem, tape n'importe quoi.

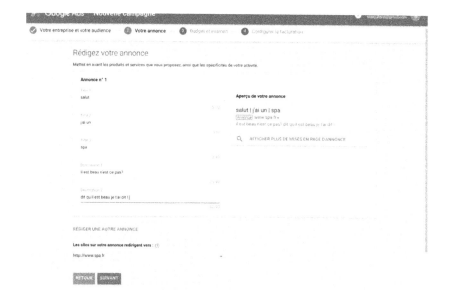

➤ Définis un budget au hasard (on ne va pas se servir de cette partie).

➤ Vérifie les paramètres de ta campagne, clique sur « suivant ».

➤ Ajoute ensuite ta carte de crédit. Pas d'inquiétude, rien ne sera débité. Accepte les conditions d'utilisations et clique sur « suivant ».

➤ Il va ensuite falloir confirmer les informations de paiement, rentre simplement les champs en rouge.

➤ Clique ensuite sur « explorer votre campagne ».

➤   Puis met simplement la campagne en veille. Et voilà, tu as un compte google ads, aucun prélèvement ne sera débité dessus. Il faut toutefois bien mettre la campagne en veille, sinon tu risques d'avoir de mauvaises surprises.

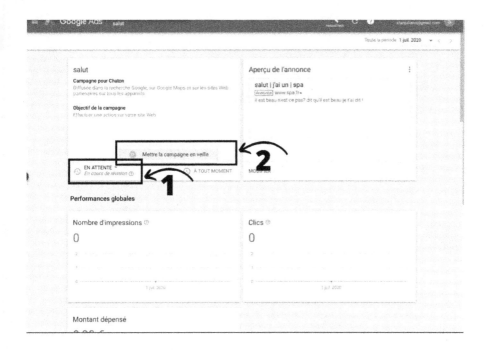

➤ Google va ensuite t'envoyer un rapide questionnaire pour savoir pourquoi tu as mis la campagne en veille, remplis-le.

➤ Une fois le commentaire envoyé, va dans « paramètres » en haut à droite et clique sur « activer le mode expert », puis « confirmer ».

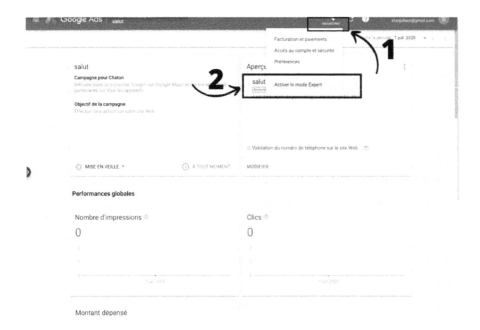

➤ Une fois le mode expert activé, tu as accès à tous les outils de google ads à ta disposition. Mais le seul qui nous intéresse, c'est l'outil de planificateur de mots-clés. Ainsi, toujours en haut à droite dans « outils et paramètres », clique sur « planification et outils de planification de mots- clés ».

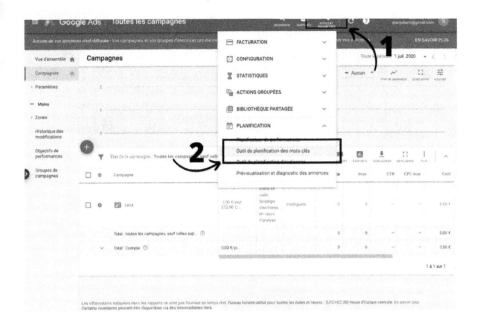

➢ Clique ensuite sur « obtenir le volume de recherche et les prévisions », le deuxième encadré à droite.

➤ Tape ensuite un mot-clé, n'importe lequel, et lance la recherche. Puis lorsque la recherche est terminée, dans le panneau en haut à gauche, clique sur l'onglet « idées de mots-clés ».

➤ Tu es enfin dans la partie qui nous intéresse. Tu peux taper plusieurs mots-clés pour voir les différentes recherches effectuées au cours du mois. Puis clique sur « obtenir les résultats ».

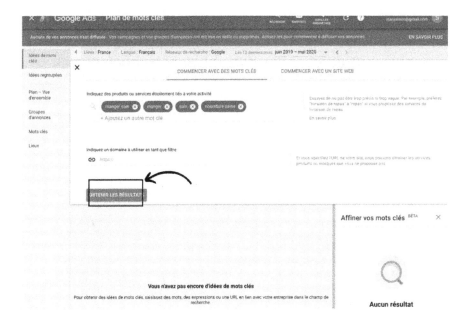

➤ Tu obtiens ainsi le volume de recherche des mots-clés et si tu descends tu obtiens des idées de mots-clés qui peuvent t'aider à en trouver de nouveaux.

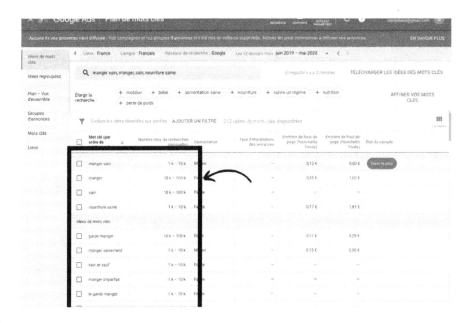

Lorsque tu utilises le "google keyword planner" pour trouver des mots-clés sur ton livre, il faut te positionner sur des mots-clés qui ont entre 1-10K de recherches mensuelles. Moins, ce ne sera malheureusement pas assez. Et avec des volumes de recherches plus conséquents, tu ne seras plus sur une niche, mais sur un sous-marché ou même un marché. Et tu te retrouveras très vite noyer dans l'océan rouge. La technique à privilégier pour les mots-clés Amazon, c'est d'utiliser 6 mots-clés avec des volumes de recherches entre 1-10K et 1 seul mot-clé avec des volumes de recherche entre 10-100K. - *en effet, sur Amazon on ne peut mettre que 7 mots-clés avec notre livre* -

Aussi, quand tu regardes les livres et les niches sur Amazon et que tu en identifies certaines qui ne sont pas sur kindle, alors tu risques fort de rafler tout le marché sur Kindle et de faire toutes les ventes sur ce sujet spécifique. Mais attention, il faut que le sujet soit tout de même recherché, voilà en quoi est utile la fonctionnalité « planificateur de mots-clés ». Il te permet de savoir à l'avance si tu vas te planter avant même de commencer. Car tu auras beau avoir le meilleur livre du monde, si personne ne le recherche, personne ne l'achètera.

La deuxième stratégie consiste à identifier un mot-clé précis, le taper sur Amazon et regarder les suggestions dans la barre de recherche. Utilise les deux techniques en complément pour trouver de super mots-clés.

Pour trouver le sujet sur lequel tu vas écrire, il va falloir te creuser un peu la tête. Car certes c'est une partie de recherche, mais elle est primordiale. Et une fois que tu l'auras trouvé, tu auras fait un tiers du boulot. Le deuxième tiers correspondra à la partie écriture et le dernier correspondra à la partie publication et stratégie.

Comme je te le disais, il faut écrire des livres courts - *de 100 - 150 pages* - Une stratégie payante consiste à diviser un livre. Par exemple, tu as trouvé un très bon sujet de livre - disons sur la nourriture saine -, au lieu de passer des semaines entières à rédiger 1 seul livre de 400 pages qui couvrira chaque aspect de la nourriture saine, ne mets pas tout dans 1 seul livre, fais plusieurs tomes dans la même niche. Par exemple, tu peux diviser ce livre en créant d'une part le tome 1 : qui traitera des bienfaits de la nourriture saine de nos jours et pourquoi il faut en consommer, et le tome 2, qui sera le régime spécial nourriture saine plus des recettes.

Cela te permettra non seulement de potentiellement doubler tes ventes, - *car tu auras 2 livres au lieu d'un seul* – et cela appuiera ta position d'expert dans le secteur et donc de potentiellement augmenter tes ventes.

Trouver une niche rentable est un travail de longue haleine, cela nécessite du temps et de la réflexion. Mais c'est durant cette phase que tu identifieras une niche rentable d'une niche saturée, et c'est grâce à cette même phase que tu sauras si tu vas vendre ou non.

Chapitre 2 : Le plan détaillé

Comment font les auteurs à succès pour ne pas se perdre lors de l'écriture d'un livre ? Tout simplement en mettant en place, avant même d'écrire le premier mot, un plan clair avec des idées définies, qui retracera le chemin du livre du chapitre 1 jusqu'à la fin.

Le plan ne sert pas seulement à établir un sommaire pour tes lecteurs. Il permet de définir tous les axes du livre, qui représenteront les différents chapitres, et te guidera lors de la totalité de l'écriture. Sans direction à suivre, tu risques fort de tourner en rond, de procrastiner et surtout de mettre des mois à écrire ton premier livre. - si tu vas jusqu'au bout cela va de soi -

Il faut bien évidemment toujours faire une petite introduction pour mettre le lecteur en condition et dans le bon état d'esprit pour lire ton livre.

Un plan typique pour un petit livre de non-fiction, contient au minimum 3 à 5 grands axes directeurs décomposés en 3 ou 4 idées. Évidemment, tout est relatif et si tu veux faire plus d'axes directeurs tu peux.

Axe 1 :

➤ Idée 1

➤ Idée 2

➤ Idée 3

➤ Idée 4

Axe 2 : …

Si nous reprenons l'exemple d'un livre pour manger sain, le plan pourrait être ainsi :

Axe 1 : Pourquoi faut-il manger sain ?

➤ Idée 1 : Qu'est-ce que manger sain ? (Définition, qu'est-ce que cela signifie de nos jours...)

➤ Idée 2 : Les bienfaits de la nourriture saine. (Quels sont les bienfaits sur la santé, le corps, l'esprit, la forme en général)

➤ Idée 3 : Quels aliments sont sains ? (Lister les aliments sains, leurs bienfaits spécifiques...)

Axe 2 : Comment manger sain ?

➤ Transformer sa vie et devenir sain. (Comment chasser ses mauvaises habitudes, trouver la motivation)

➤ Manger sain, tout un art ! (S'organiser pour manger sain chaque jour, tenir en mangeant sain, stopper la malbouffe)

➤ Ancrer sa nouvelle habitude et réussir ce défi ! (Exemple de personnes qui ont réussi, comment garder ses bonnes habitudes, petits exercices à faire au quotidien)

Etc.

Lorsque tu suis un plan détaillé, tu n'as pas le temps de te perdre et de réfléchir au prochain point, car tu le connais déjà ! Tu éviteras donc le syndrome de la page blanche car tu seras guidé tout au long de l'écriture de ton livre.

Chapitre 3 : Rédiger ton livre

Pour rédiger un livre, tu n'as pas besoin d'être un grand écrivain. Évidemment, le tout premier roman que tu vas écrire risque fortement de ne pas être un grand succès mais un échec, c'est normal tu apprends ! Félicite-toi d'avoir écrit le premier. Il y a un début à tout, même les plus grands auteurs de nos jours ont connu de grands échecs - *je pense notamment à JK Rowling qui a vu son manuscrit "Harry Potter" refusé des dizaines et des dizaines de fois par des éditeurs, avant d'être enfin publié et de connaitre le succès d'aujourd'hui -*

Il est cependant fort probable que ce premier manuscrit va te faire gagner tes premières redevances, même si ce n'est que quelques euros. Ce sont des signes d'encouragement pour la suite, il ne faut pas que tu abandonnes. Si tu persévères en observant ce que tu as fait les fois précédentes, à savoir reproduire ce qui marche et améliorer ce qui ne marche pas, tu auras gagné cette dure bataille contre toi-même et tu vas réussir à générer de l'argent !

Ce qui prime avant tout, pour un lecteur, ce n'est pas le style avec lequel tu écris, non, c'est la clarté ! Pose-toi toujours les questions suivantes une fois que tu as rédigé ton manuscrit :

➤   Est-ce que le livre est clair ?

➤   Est-ce qu'on comprend, est-ce que cela arrive de manière intelligible ?

Il faut que tes lecteurs soient à l'aise en le lisant et soient satisfaits de ton livre. Tu n'as pas besoin d'écrire dans un français très compliqué ou dans un langage soutenu, c'est même tout le contraire. Évidemment, libre à toi de trouver 'ta patte d'auteur', c'est-à-dire ton style d'écriture, les mots que tu utilises. Si toutefois tu as déjà une patte d'auteur, il va sans dire que ton lectorat appréciera d'autant plus, mais ce n'est pas ce qui prime. Tandis que si tu es en train de construire ta "marque", "ta patte", alors ne te précipite pas, fais-le en douceur, ne te donne pas un style trop compliqué, écris juste naturellement, comme si tu parlais.

Pour rédiger efficacement et rapidement ton livre il ne faut surtout pas avoir un plan vague, comme expliqué dans le chapitre précédent. Il faut que ta phase d'écriture soit planifiée à l'avance. Ton plan de chaque chapitre doit être ultra détaillé, c'est impératif. Sinon, tu risques de mettre des heures avant d'écrire le premier paragraphe parce que tu ne sauras pas par où commencer. *- ni même ou t'arrêter -*

J'ai bien conscience que commencer à rédiger un livre peut sembler difficile quand on ne l'a jamais fait. C'est un travail comme un autre, qui nécessite du temps et de la réflexion. Mais un livre est susceptible de rapporter beaucoup plus d'argent qu'un quelconque emploi salarial. Car les leviers que tu actives, en écrivant un livre, ont un potentiel de gains beaucoup plus importants que n'importe quel SMIC.

Regarde, un SMIC c'est environ 1200€ par mois, tandis qu'un livre, même s'il ne te fait gagner que 5€ par exemplaire vendu, ton potentiel de clients est illimité ! C'est mathématique, des millions de personnes vont sur Amazon, et parmi ces millions de personnes, des dizaines de milliers s'intéresseront potentiellement à ton livre. Et pour générer 1200€ avec ce même livre, il te faudra faire 240 ventes en 1 mois, soit 8 ventes par jour. Plutôt simple non ? Donc si tu vends 1000 exemplaires de ton livre au cours du mois, le calcul est très simple. Et en plus tu n'auras écrit ton livre qu'une seule fois. Le travail aura été fait une seule et unique fois et le potentiel de gains sera illimité !

Quand j'ai moi-même commencé à rédiger mon premier ouvrage, cela me semblait impossible à faire ! Je procrastinais, car je n'avais pas de plan clair, pas d'axe directeur pour me guider au fur et à mesure que j'écrivais. Puis lors du second livre que j'ai rédigé, tout a été beaucoup plus rapide. J'avais un plan clair et j'écrivais du matin jusqu'au soir, je n'arrivais pas à m'en empêcher. Les idées continuaient de fuser au fur et à mesure que j'écrivais grâce au plan que j'avais préparé au préalable. Il n'y a pas de secret : c'est en forgeant qu'on devient forgeron, c'est en écrivant qu'on devient écrivain.

Un petit conseil pour t'aider à démarrer dans la rédaction de ton livre : il faut que tu travailles sous forme de "Deep Focus", c'est-à-dire dans un état de très grande concentration. Tu n'es pas obligé de passer des heures devant ton écran : si tu n'avances pas, fais autre chose. Mais lorsque tu travailles sur ton livre, reste impérativement concentré dessus et uniquement dessus. C'est-à-dire que pendant 40 - 60 minutes, tu te concentres exclusivement à écrire. Même si tu trouves que ce que tu écris est nul, tu t'en fiches. Écris, écris et écris, tu reviendras dessus plus tard. Mais il faut que tu écrives, que tu aies de la matière sur laquelle travailler.

Mets ton téléphone en mode avion, installe-toi dans une pièce avec aucune source de distraction à proximité, donc pas de télé en arrière-plan, pas de musique (sauf celles qui sont sans parole et pas trop fortes pour ne pas te déconcentrer). Puis, fais une pause de 5-10 minutes entre chaque session pour respirer un peu et recommence. Tu verras qu'en quelques semaines, tu n'auras même plus besoin de cette méthode et passeras tes journées entières face à ton écran, avec l'aisance d'un pianiste sur ton clavier tellement les idées fuseront dans ta tête et entre tes doigts. Le plus dur, c'est de commencer. C'est comme pour tout. Mais une fois que tu es sur la rampe de lancement, chaque page que tu écriras en plus te rapprochera du compte à rebours final. Celui qui va te permettre d'enfin décoller ! Réussir à rester focus, c'est le super pouvoir du 21ème siècle. Avec toutes les sources de distraction qui existent de nos jours, pas facile de se concentrer. Mais je peux t'assurer que si tu es focus, non seulement ta productivité va exploser, mais en plus tu auras la meilleure méthode pour travailler. Que ce soit pour écrire un livre, jardiner, monter un business en ligne, c'est la méthode qui te récompensera le mieux !

Pense aussi à écrire un petit résumé à la fin de chaque chapitre pour faire un rappel sur les points importants à ne pas oublier ou les grandes idées de tes axes. Non seulement, cela augmentera la longueur de ton livre, mais en plus ton lecteur se rappellera les points importants de tes chapitres.

Concernant la longueur du livre, n'écris pas la nouvelle bible d'accord ? Écrire un livre de 500 pages, c'est bien pour le best-seller d'un auteur déjà bien établi. Mais dans ton cas, qui sait, tu ne vendras probablement pas ou très peu. Un livre de 500 pages demande énormément de travail, alors limite-toi à 50 - 150 pages, cela fera amplement l'affaire pour débuter. Libre à toi par la suite d'écrire de plus gros ouvrages, mais pour mettre le pied à l'étrier, commence court, commence rapide et surtout commence focus !

Chapitre 4 : Une relecture efficace

La relecture de son livre est un des aspects fondamentaux. Cette étape permet de déceler les éventuelles erreurs sur notre livre, comme des mauvaises tournures de phrases, des fautes de syntaxe et d'orthographe...

Concernant les fautes d'orthographe, tu as deux méthodes pour procéder à la correction. La première consiste à utiliser un logiciel de correction comme "antidote" ou "languagetool". Ce sont des logiciels très efficaces mais malheureusement ils ne remplaceront pas les yeux d'un véritable humain et des fautes pourront toujours être présentes. La deuxième méthode, *- je te conseille de l'utiliser en complément avec un logiciel de correction -* consiste à faire appel à un professionnel sur une plateforme de freelance. Pour n'en citer que quelques-unes : Malt, 5euros, Fiverr, Freelancer... Le Freelancer relira ton manuscrit pour une fraction du prix normal. Evidemment, assure-toi de la qualité de son travail au préalable : il n'y a rien de pire pour un lecteur que de lire un livre bourré de fautes d'orthographes.

Concernant ta propre relecture, pour identifier les mauvaises tournures de phrases ou changer ce qu'il ne va pas, je te conseille d'imprimer ton manuscrit et de le relire à voix haute. C'est bien plus simple d'identifier des erreurs ou des tournures de phrases à haute voix. Surligne-les sur ton manuscrit et procède à la correction sur ton ordinateur.

Cette étape indispensable ne doit surtout pas être mise de côté : c'est notamment grâce à une bonne relecture que tu transformeras un livre moyen en un best-seller.

Chapitre 5 : Un titre ravageur !

Le titre de ton livre est probablement l'élément le plus important, conjointement avec la couverture ! Encore plus que le contenu de ton livre, car c'est notamment lui qui te permettra de faire des ventes ! C'est l'un des deux éléments principaux qui attireront tes visiteurs sur ta page de vente. Négliger cet aspect revient à se tirer une balle dans le pied d'office et limite ton potentiel de vente.

Pourquoi les gens achètent un livre ? Quels sont les principaux éléments qui vont faire basculer l'acte d'achat ? C'est très simple à vrai dire : son titre, sa jacket (couverture), les recommandations clients et ta page de vente, "ton copywriting".

Pour ce chapitre, nous nous concentrerons sur le titre. Le titre doit jouer à la fois sur les désirs, mais aussi les besoins de ton acheteur potentiel et le faire basculer dans l'acte d'achat. Il doit résoudre le problème de ton client.

Mais avant de définir son titre, il convient d'identifier qui est ton lecteur potentiel ? Est-ce que c'est Hervé 54 ans, récemment divorcé ? Ou bien Johan 21 ans étudiant en 3ème années de faculté de droit ? Il va sans dire que déterminer le profil de ton acheteur potentiel est l'un des aspects les plus importants si tu veux vendre ton livre. Tu auras beau avoir un titre ravageur, si le client ne s'identifie pas dedans, il n'achètera pas, point. Pour la faire courte, tu ne vas pas parler à Hervé et à Johan de la même manière, n'est-ce pas ? Comment dois-tu procéder pour établir le profil de ton lecteur ?

Eh bien il va falloir que tu créés un personæ.

Un personæ est une personne fictive qui va représenter ton groupe de lecteur cible, c'est en quelque sorte un référent. Il va donc falloir créer un profil type et lui attribuer des caractéristiques propres, qui vont synthétiser les habitudes et comportements des utilisateurs réels, et donc de tes potentiels acheteurs.

Cette méthode permet de connaitre ta cible et donc de savoir comment te placer pour lui parler. - *même si sur Amazon tu ne sauras pas qui sont réellement tes clients (Amazon ne te divulguera aucune information à propos d'eux), cette étape est incontournable !* - Tu vas ainsi pouvoir mettre en place une page de vente capable de convaincre ton acheteur potentiel, car tu te seras mis à sa place et dans sa tête. Tu n'essayes pas de convaincre un lecteur de roman de vampires qui n'a rien à voir avec ton marché, non. Tu essayes de convaincre ton acheteur potentiel à toi, sur la thématique de ton livre. Tu sauras comment lui parler et comment le convaincre d'acheter ton livre. Très souvent, les auteurs en oublient les bases : qui est mon client ? Quel est le message le plus pertinent et convaincant à lui faire passer pour qu'il clique sur le bouton acheter ?

Comment identifier ton lecteur ?

Pour être utiles, les personæ doivent provenir d'informations réelles sur les utilisateurs. Sans quoi, la création du personæ risque d'être basée sur des stéréotypes. Et donc tes pages de ventes ne marcheront tout simplement pas, car tu n'auras pas identifié clairement le problème de ta cible et le langage qui lui plaît.

Pour reprendre l'exemple d'un livre sur la nourriture saine, il convient de déterminer que ton audience sera majoritairement composée de femmes, aux alentours de la trentaine, qui ont décidé de prendre soin d'elles sans pour autant faire des régimes, juste en changeant leurs alimentations quotidiennes. Ainsi ton personæ pourra être :

Caroline a 34 ans, elle habite à Paris, pas très loin de la tour Eiffel. Récemment, une de ses amies a été diagnostiquée diabétique car elle mangeait trop de sucre. Caroline a donc peur pour sa santé, car elle aussi mange beaucoup de sucreries et de malbouffe. Absorbée par son quotidien, Caroline est avocate. Elle n'a donc pas le temps de se préparer à manger tous les jours, ni même d'aller au restaurant. C'est pour ça qu'elle privilégie un sandwich à la boulangerie du coin ou un fast-food. Son préféré ? C'est KFC, elle adore le poulet. Caroline aimerait manger mieux, mais elle ne sait pas comment s'y prendre. En surfant sur internet, elle découvre de multiples programmes minceur, mais ce n'est pas ce qu'elle recherche. Elle, elle cherche simplement à manger mieux, pas à manger des substituts d'alimentation. Elle cherche également comment elle pourrait s'y prendre pour cuisiner et avoir son propre repas fait-maison, rapide à manger, chaque midi entre deux plaidoiries.

En utilisant toutes ces informations, pour convaincre Caroline, notre livre sur la nourriture saine pourrait s'intituler : « **Manger enfin sainement : Les secrets des experts nutritionnistes pour retrouver la ligne sans se priver, en cuisinant seulement 10 minutes par jour** ».

Vois-tu comment le titre lui correspondrait parfaitement ? La réponse à tous ses problèmes est dans ce livre.

Mais également, pour ce livre, il existerait un deuxième type de personæ : les personnes en surpoids. Tu peux donc créer plusieurs personæ et décider du meilleur message à leur faire passer.

Trouve toute documentation disponible concernant ton prospect cible, que ce soit Hervé, Johan, Caroline, Murielle ou même Élodie et détermine les profils de lecteurs.
Ensuite, pour chaque personæ, dresse ses caractéristiques spécifiques, à savoir : ses habitudes, son travail, son lieu d'habitation, les types de support dont il dispose (tablette, téléphone ou pc), son niveau de revenu, son sexe, ses peurs, ses passions, sa fréquence d'utilisation d'internet, ses sites préférés, sa présence sur les réseaux sociaux, son niveau d'études, ce qu'il aime, ce qu'il mange, ce qu'il aime lire, pourquoi il lit ceci, les expressions qu'il utilise, les mots-clés qui le toucheront ?
…

Mets-toi dans les bottes et dans la tête de l'acheteur potentiel qui serait intéressé par ton livre et qui ne demande qu'une seule chose : se laisser convaincre par ton titre percutant, ta couverture minimaliste et ta page de vente scandaleusement efficace pour ne l'amener qu'à une seule action : cliquer sur acheter !

Avant d'écrire un titre sexy, il va falloir te mettre une chose en tête : 98 % de la population ne veut pas faire d'efforts !

Ainsi, lorsque tu commences à construire ton titre, il faut donc mettre le point sur plusieurs idées :

➤ L'idée de la rapidité, par exemple : « 2 minutes pour vaincre la procrastination » ou « 3 minutes pour méditer ». Rapide, simple et très efficace.

➤ Il faut te concentrer sur ses désirs, par exemple : « Un antidote à la dépression : les 12 règles de vie ».

➤ Les chiffres vendent aussi beaucoup dans les titres. Je reprends mon exemple : « 3 minutes pour méditer » ou « 30 jours pour changer ses mauvaises habitudes ».

➤ Tu peux aussi utiliser la règle de 3 : A better human, the stoic heart and soul qui est très efficace. LA règle de 3 consiste à superposer 3 bénéfices. Par exemple, notre titre aurait pu être : « Manger sain, retrouver la forme et améliorer sa vie ».

➤ Tu peux utiliser l'effet d'autorité qui apporte de la confiance à ton ouvrage : « la science », ou « les experts », c'est psychologique. Face à l'autorité, nous pouvons faire n'importe quoi car nous leurs faisons confiance. - *l'expérience de Milgram le prouve bien d'ailleurs* -

➤ Ou bien tu peux utiliser le "comment" qui est toujours diaboliquement efficace : comment + problème ? « Comment manger enfin sainement ? »

➤   Le « secret » est lui aussi une formule très efficace, ça induit une science secrète et mystérieuse. C'est très malin, car les gens veulent savoir ce que c'est : « 7 astuces non-conventionnelles pour… (mystérieux) », « Les 7 secrets que les gourous de la finance ne veulent pas que vous sachiez ». « Les clés pour vivre une vie heureuse » …

Si d'ailleurs tu peux commencer ton titre avec des mots-clés précis et spécifiques dans ta niche, tu augmenteras d'autant plus la possibilité d'être le numéro 1 dans les résultats de recherche sur Amazon sur ton terrain.

« Procrastination » et « vivre une vie heureuse » sont des mots très recherchés sur Amazon. Si tu les combines avec ta niche, tu vas faire un carton.

Optimise donc ton titre au maximum, mélange les différentes techniques, - *comme je l'ai fait dans ma première proposition de titre sur manger sainement* - ce n'est pas qu'un simple titre, c'est **LE** titre, qui combiné avec **LA** bonne couverture, interpellera ton prospect qui sera intrigué par ton ouvrage. Pour trouver le titre parfait, il va falloir en rédiger beaucoup afin de progressivement arriver sur le bon, celui qui te fera vendre. Commence donc par des titres très longs, avec la plupart des choses que tu veux exprimer, puis affine petit à petit, fais des variations… Modifie-le jusqu'à trouver la perle qui convaincra tes prospects.

Désir, objectif, curiosité, mystère, insider, rapidité sont des éléments importants pour des titres efficaces. Pense aussi au SEO d'Amazon que tu vas développer avec le sous-titre. Par exemple : « **Manger sainement enfin !** » (Titre) « **la science secrète pour être en forme, retrouver sa vitalité et vivre une meilleure vie** » (sous-titre). Et vérifie que tes mots-clés principaux sont bien positionnés dans les moteurs de recherche d'Amazon. Ici, les mots-clés sont : « **Manger sainement** », « **être en forme** », « **vitalité** » et « **meilleure vie** ».

Chapitre 6 : Une couverture encore plus sexy qu'une strip-teaseuse

Je pense que tu le sais déjà, du moins, tu l'as déjà remarqué, mais ce qui est beau attire notre regard naturellement et nous remplit de joie, car on aime épier les belles choses. Que ce soit cette ravissante jeune femme au coin de la rue, cette réplique de Ryan Gosling qui prend son café au bistrot en bas de chez toi, la jolie boulangère chez qui tu vas toujours acheter tes croissants, une Ferrari Enzo… Et j'en passe.

Ta couverture doit être aussi parfaite qu'une strip-teaseuse. Les strip-teaseuses attirent le regard et font pleuvoir les liasses de billet. Voilà le travail que doit faire ta couverture, ni plus, - *ce n'est pas une prostituée, ne vend pas du rêve* - ni moins. - *ce n'est pas une nonne non plus* -

Il te faut une couverture sexy, qui donne envie de vouloir la contempler de l'acheter en un simple coup d'œil. Mais attention, il faut évidemment qu'elle soit en lien avec le sujet du livre et son titre. Rien ne sert de mettre des filles en maillot de bain sur la couverture d'un livre qui parle de jardinage n'est-ce-pas ?

Pour y arriver et définir une couverture aguicheuse, j'utilise un petit test : j'ouvre Amazon et je recherche plusieurs livres dans la catégorie dans laquelle je compte écrire. Je cache le titre et j'essaye de le deviner, puis j'essaye de deviner de quoi le livre parle. Cela me permet non seulement de sonder ce que fait la concurrence et leur pertinence, mais aussi cela me donne plein d'idées de couverture.
Fais ce petit exercice la prochaine fois. Regarde des couvertures et essaye de deviner leurs titres et leurs contenus. Fais-les deviner aussi à quelques amis pour être sûr. Si grâce à la couverture, tu reconnais de quoi parle le livre, alors c'est jackpot. En plus, tu sauras vers quel design t'orienter et tu seras capable de créer de superbes couvertures.

Pour te faire une idée de ce qui marche, regarde les couvertures des best-sellers sur le "New York Times Bestsellers".

8 WEEKS ON THE LIST
HOW TO BE AN ANTIRACIST
by Ibram X. Kendi

A primer for creating a more just and equitable society through identifying and opposing racism.

13 WEEKS ON THE LIST
WHITE FRAGILITY
by Robin DiAngelo

Historical and cultural analyses on what causes defensive moves by white people and how this inhibits cross-racial dialogue.

5 WEEKS ON THE LIST
SO YOU WANT TO TALK ABOUT RACE
by Ijeoma Oluo

A look at the contemporary racial landscape of the United States.

2 WEEKS ON THE LIST
COUNTDOWN 1945
by Chris Wallace with Mitch Weiss

The Fox News Sunday anchor gives an account of the key people involved in and events leading up to America's attack on Hiroshima in 1945.

1 WEEK ON THE LIST
THE COLOR OF LAW
by Richard Rothstein

An examination of the ways in which the government caused residential segregation through racial zoning and other systemic practices.

Comme tu peux le voir sur la photo, les bestsellers Américains du moment sont majoritairement basés sur des sujets comme le racisme et la ségrégation, notamment grâce - *ou à cause* - de l'histoire de Georges Floyd qui a immiscé le mouvement "Black Lives Matter". Comme je l'ai expliqué au préalable, ce sont des sujets d'actualité, ce que nous devons donc éviter. Tandis que le livre "Countdown 1945", qui traite de la seconde guerre mondiale et plus particulièrement du lancement de la bombe nucléaire à Hiroshima, c'est un très bon sujet de livre : pas étonnant qu'il soit bestseller. Mais nous, ce qui nous intéresse, ce sont les couvertures. Regarde l'originalité des couvertures. Elles remplissent à merveille leurs rôles : elles attirent l'œil et on arrive à savoir de quel sujet traite le livre en un simple coup d'œil.

Fais la même chose avec des livres dans ta catégorie pour te faire une idée de ce qui marche ou non, mais reste tout de même original pour te démarquer de tes concurrents ! Fais des couvertures minimalistes, rien ne sert de surcharger la couverture d'un livre. Bien au contraire, cela donne moins envie de l'acheter quand il y a trop d'éléments dessus. La recette du succès, c'est la simplicité : une couverture se remarque directement et interpelle grâce à un design minimaliste ! Il faut que les gens s'arrêtent dessus pour la regarder et se disent : tiens, il a l'air pas mal ce livre.

La forme circulaire revient très souvent (avec du texte dedans) par exemple la couverture du livre "miracle morning". Également, si tu écris pour une niche sur l'argent, mets un billet dessus, ça marche à chaque fois.

Miracle morning

Hal Elrod (Auteur) · Eric Charles (Préface) · Paru le 14 juin 2017 · Guide (Poche)   ★ ★ ★ ★ ★ 77

Résumé   Détails produits

Fais ta couverture sur Canva.com (logiciel gratuit ou payant). En passant par ce lien, je vais te montrer comment créer une couverture pour notre exemple, le livre « manger sain » :

➤   Recherche sur google canva.com et crée-toi un compte. Une fois le compte crée, rends-toi sur la page d'accueil et clique en haut à gauche sur « créer un design », « dimensions sur mesure ».

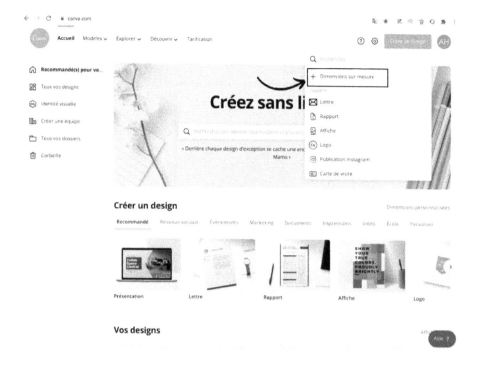

➤ Sur les dimensions, change la mesure px par po et inscris 6 et 9 comme sur la photo puis clique sur « créer design ». - *en effet, la plupart des livres édités sur Amazon sont en dimension 6x9po, c'est la taille standard. Toutefois, tu peux changer le format de ton livre. Libre à toi, mais fais bien une couverture avec les mêmes dimensions que ton livre -*

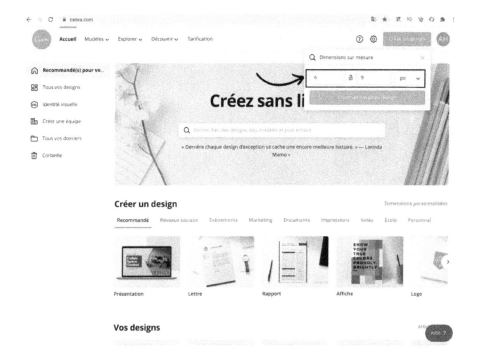

➤   Tu arrives ensuite sur la page de création. Dans « modèle », recherche « livre » pour t'inspirer un peu.

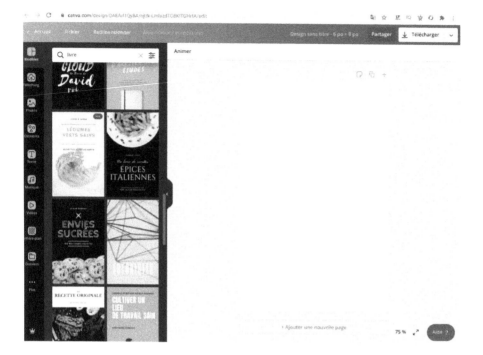

➤ Pour ma part, je vais utiliser un modèle déjà fabriqué que je vais modifier - *pour l'exemple* -

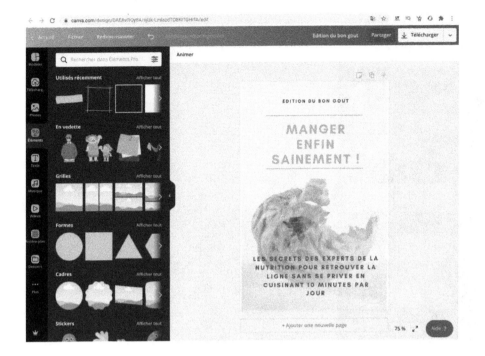

➢   Et voilà, la couverture est créée, il n'y a plus qu'à l'exporter en JPG ou PNG pour pouvoir l'importer sur Amazon KDP.

➤ Tu peux te promener un peu sur l'écran de création de Canva, tu verras qu'il est très complet et que tu disposes de nombreux outils pour t'aider dans le processus de création.

Fais surtout attention à la taille de ton titre et de ton sous-titre sur le livre, il faut qu'ils soient visibles : sur ordinateur ou tablettes, il n'y a pas de problème, mais sur smartphone - *qui représente environ 60% des achats sur Amazon* - souvent les auteurs font cette erreur : on ne voit pas le titre !! Du moins, il n'est pas assez gros sur la couverture. Si tu fais une jolie couverture, mais que ce qu'il y a d'écrit dessus est illisible sur smartphone, cela risque fort d'être compliqué à convertir des prospects en acheteurs. C'est notamment pour ça que beaucoup de livres sur le marché américain n'ont pas de couverture spécialement élaborée, ils privilégient les gros titres ! En mélangeant gros titre et design percutant c'est le succès assuré ! - *ou presque* - Regarde notamment la couverture du livre "White Fragility" sur la photo des New York Times Bestsellers : simple, efficace et percutant.

Concernant les couvertures que tu créés, fais très attention aux couleurs, n'en utilise pas trop. Utilise une roue chromatique en triade - *c'est-à-dire en 3 couleurs* - c'est ce qui marche le mieux pour les couvertures de livres. Utilise "paletton.com" pour t'aider à comprendre quelles couleurs vont bien ensemble.

Sinon, en ultime recours, tu peux prendre un Freelancer indépendant. Mais attention, il va falloir que tu sois le plus précis possible avec le prestataire. Fournis-lui 3-4 couvertures que tu aimes bien et qui ont un lien direct et utile avec ton livre, donne-lui le plus d'informations possible : de quoi parle le livre, ce que tu veux véhiculer et surtout sois intransigeant sur la qualité de son travail.

Chapitre 7 : Publier sur Amazon Kindle Direct Publishing

C'est l'heure de publier ton livre. Tu as trouvé le titre parfait, la couverture idéale et tu as mouillé le maillot pour l'écrire. Il est maintenant prêt et il est l'heure de passer à sa publication !

Créer son compte Amazon KDP

➤ Va sur ton moteur de recherche et tape dans l'intitulé "Amazon KDP », puis clique sur le premier lien : tu vas arriver sur la page d'accueil d'Amazon KDP, clique ensuite sur « inscription » en haut à droite.

➤ Ensuite, clique sur "créer votre compte kdp".

➤ Renseigne toutes tes informations et clique sur "créer votre compte". Amazon va ensuite t'envoyer un code sur ton adresse mail utilisée lors de la création pour vérifier si c'est bien toi. Saisis le code et clique sur "créer votre compte Amazon". Évidemment, il faut lire et accepter les CGU.

➤ Tu arrives ensuite sur ton tableau de bord, clique sur "mettre à jour maintenant les informations de compte".

➤   Renseigne ensuite toutes tes informations personnelles et bancaires.

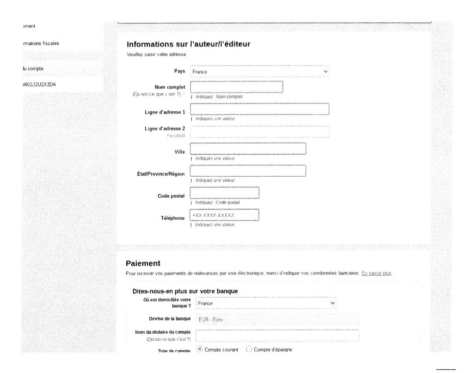

➤ Une fois que tout a été fait, il va falloir renseigner tes informations fiscales. Remplis le formulaire comme sur les photos suivantes, - *à moins que tu ne sois un citoyen américain* - lorsqu'il faut ajouter la valeur TIN, renseigne simplement ton numéro fiscal que tu peux trouver sur ta déclaration d'impôts et le tour est joué.

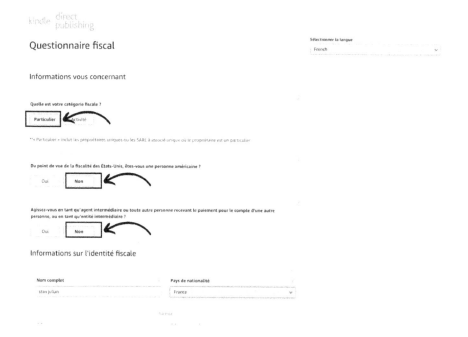

Informations sur l'identité fiscale

> Voilà, tu es désormais l'heureux propriétaire d'un compte Amazon KDP !

Publier son livre sur Amazon KDP

Voyons maintenant comment publier un livre depuis ton compte - nous allons aussi voir comment créer un livre broché. En effet, créer un ebook Kindle suit exactement le même processus, mais en plus simple car tu n'as pas le format du livre à renseigner.

> Rends-toi dans ton tableau de bord, sur l'onglet "bibliothèque" et clique sur l'encadré "+ livre broché".

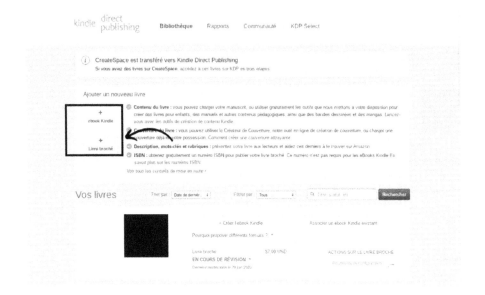

➤ Tu vas en premier temps devoir sélectionner la langue, le titre, le sous-titre, la série (si ton livre fait partie d'une série, mais c'est facultatif), le numéro d'édition (qui est facultatif aussi) et ensuite le nom d'auteur (qui est lui obligatoire, mais libre à toi d'utiliser un faux nom, pas de soucis avec ça).

Français ⌄

Titre du livre — Indiquez le titre tel qu'il figure sur la couverture de votre livre. En savoir plus sur les règles de KDP applicables aux métadonnées.

Titre du livre
TEST livre

Sous-titre (Facultatif)
un livre de cuisine

Série — Fournissez cette information si votre livre fait partie d'une série. Comment fournir des informations correctes concernant les séries

Informations relatives à la série (Facultatif)
Nom de la série   Numéro de tome

Numéro d'édition — Vous pouvez indiquer un numéro d'édition s'il s'agit d'une nouvelle édition d'un livre existant. Qu'est-ce qui est considéré comme une nouvelle édition ?

Numéro d'édition (Facultatif)

Auteur — Votre livre broché doit être associé à au moins un auteur ou contributeur principal.

Auteur ou contributeur principal
Préfixe   Stan   2e prénom   Juliann   Suffixe

➢ La description correspondra à ton texte de vente. Ainsi, écris-la à l'avance sur un document Word pour faciliter le processus. Point important, la barre d'espace ne marche pas sur Amazon, il faut ajouter le code

 pour pouvoir faire des espaces. Coche la case comme quoi tu détiens tous les droits de publication. - *après tout, c'est ton livre, c'est toi qui l'as écrit non ?* - Ajoute également tous les mots-clés que tu auras recherchés et qui correspondent parfaitement pour ce livre, c'est une partie très importante comme évoqué dans les chapitres précédents. Concernant la rubrique, choisis des rubriques qui se rapprochent le plus de tes concurrents directs : espionne donc les rubriques dans lesquelles sont tes concurrents. Tu as le droit à 2 rubriques maximum par livre, alors choisis intelligemment. Pour finir, coche ou non la case « contenu pour adultes » selon le sujet de ton livre. Clique ensuite sur "suivant".

➢ Tu arrives ensuite dans la rubrique "contenu du livre broché", clique sur la case « utiliser un code ISBN gratuit », Amazon t'en fournira un. La date de publication n'est pas essentielle à remplir et si elle est laissée vide, Amazon la remplira automatiquement avec la date du jour de la création.

➤ Viennent ensuite les options d'impression du livre. Choisis d'office un intérieur noir et blanc, avec un papier crème ou blanc, car si tu choisis un intérieur couleur, le prix de l'impression passera d'environ 2,5€ à plus de 11€, ce qui n'est absolument pas rentable pour un petit livre.

➤ Choisis ensuite la taille de coupe. Comme je te l'ai dit au préalable, la taille de coupe standard est de 6x9 po. Coche ensuite la case « absence de fond perdu » - *si tu coches "avec fond perdu", les images dans ton livre peuvent prendre l'intégralité de la page, sans bordures, sans marges. Donc quand c'est bien utilisé, on le met, sinon on n'en utilise pas* - Concernant la couverture, choisis la case "brillant" d'emblée, car "mat" très joli, mais ça se salit très vite et tes lecteurs risquent fort de recevoir un livre à l'aspect sale a la livraison. Ce que tu veux éviter, même si ce n'est pas de ta faute.

➤ Charge ensuite ton manuscrit. Pour les livres brochés, il faut privilégier le format PDF. Tandis que pour les ebooks, il faut utiliser le format docx (word). Concernant le format pour les livres brochés : je te conseille une police de 12, paragraphe justifié, de grandes marges et des numéros de page à hauteur de 4 cm de marge, pour qu'elles apparaissent dans le livre. Sinon, quand tu vas visualiser ton livre avant de le publier, il y aura des erreurs, et certains mots ne seront pas sur les pages.

➤ Utilise ensuite le créateur de couverture d'Amazon pour ton livre. Une fois dans le menu, tu peux choisir la couverture de ton livre et simplement rajouter l'image de ta couverture. – *sinon, pour créer des couvertures directement depuis une application tierce et simplement ajouter l'image, je te conseille d'utiliser "bookbolt", qui est un service très professionnel et très bien construit pour créer des couvertures et bénéficier d'un large éventail d'outils pour auteur. L'abonnement à ce service coûte 10€ par mois* -

---

➤   Lance finalement l'outil de prévisualisation de ton livre pour déceler d'éventuelles erreurs lors de l'édition et t'assurer que ton livre ait un beau rendu final. Attention, ce processus prend quelques minutes à charger, mais est indispensable. Une fois que tu as vérifié et validé ton livre, clique sur « enregistrer » et tu vas pouvoir passer à l'élaboration du prix.

➤   Dans la section "droits et prix du livre broché", sélectionne tous les territoires internationaux. Puis définis ton marché principal. Si tu publies pour la France, choisis le marché .fr. Concernant le prix, il te faut un prix optimal. Mais on veut tout de même maximiser le nombre de ventes. Alors c'est quoi le mieux : 1000 ventes à 2,99€ ou seulement 20 à 9,99€ ? 2,99€ bien entendu. Mais je trouve toutefois que ce prix est relativement faible. Si tu as bien niché ton livre, alors tu peux définir tes propres prix : je te conseille de commencer avec un prix aux alentours de 4,49 et 6,99€ pour un format ebook Kindle et entre 13 et 25€ pour un livre broché. Ainsi, tu restes dans la moyenne des prix pratiqués par la plupart des auteurs et tu peux dégager un bon bénéfice. Concernant les royalties, il y a deux options : 35% ou 70%. Pour pouvoir bénéficier de 70% de redevances, il te faut un prix ebook compris entre 2,99 et 9,99€. Pour les livres brochés, ce n'est pas 70% mais 60% de redevances, et un prix qui doit être compris entre 4,20€ et 250€. Les redevances correspondent au bénéfice que tu vas toucher à chaque livre vendu. Renseigne ensuite les autres prix pour les autres marchés d'Amazon (.com, .es, .it…) et valide la publication de ton livre. Amazon prendra un maximum de 72 heures pour vérifier et publier ton livre sur leur plateforme.

Attends leur mail de confirmation et ça y est, ton livre est enfin publié !

Chapitre 8 : une description produit persuasive (un bon copywriting)

Le copywriting c'est quoi ?

Le copywriting désigne la rédaction de textes publicitaires. En France, la casquette qui s'en rapproche le plus est le métier de concepteur-rédacteur. Le copywriter, par opposition au journaliste ou au rédacteur, ne produit pas de contenu pour informer ses lecteurs. Il a pour but de déclencher une action spécifique chez son lecteur, le plus souvent c'est de cliquer sur le bouton acheter. Voilà pourquoi la définition d'un personæ est si importante lorsque tu rédiges une page de vente. Sans ça, on ne peut pas se mettre à la place de ses lecteurs et donc on ne peut pas les convaincre d'exécuter l'action que l'on souhaite, à savoir acheter notre livre. Un copywriting efficace convertit grâce au contenu et à la tonalité de la page de ventes, allant du sérieux à l'humoristique. Tout dépend de la cible visée.

Pour faire un bon copywriting, il faut donc :

➢ Définir à l'avance qui tu souhaites atteindre avec ton contenu et à qui tu t'adresses activement, ta cible. - *ton personæ* -

➢ Il faut que tu convainques ta cible en mettant en avant ton avantage unique, celui qui fait que tu es le meilleur dans ton domaine et qui te démarquera des autres.

➢ Enfin, pour le lecteur, la réalisation de l'action doit être la plus simple possible, en ajoutant à la fin de ton texte de vente un CTA (call to action), un bouton d'appel à l'action qui peut être : commande au plus vite ton exemplaire de ce livre unique en cliquant sur « acheter » ! Cela peut te sembler idiot, mais si tu ne dis pas quoi faire à tes prospects, ils ne le feront tout simplement pas.

Bien qu'il existe plusieurs types de copywriting (SEO copywriting pour le référencement web, le copywriting d'incitation à l'achat, le copywriting technique, le copywriting de contenu, le copywriting créatif…), nous nous concentrerons uniquement sur le copywriting d'incitation à l'achat car c'est celui qui nous intéresse pour vendre.

Ce type de copywriting te place devant un challenge ultime : celui de convaincre ton lecteur de la qualité exceptionnelle de ton livre et au final de l'inciter à effectuer une commande. C'est plus facile à dire qu'à faire bien entendu. Outre le style convaincant, ce seront tes capacités créatives qui prévaudront ! Voilà comment devrait typiquement se décomposer le message de ta page de vente :

1.   Il faut orienter ton message le plus clairement possible vers la cible et t'adresser à elle directement.

2.   Il faut identifier le problème auquel ton livre apporte la solution. Expose le problème du point de vue du client potentiel et de la façon la plus imagée possible (en utilisant des métaphores percutantes notamment) pour susciter son intérêt et ensuite inspirer sa confiance.

3.   Expliquer pourquoi le problème n'avait pas vraiment été résolu auparavant.

4.   Raconter comment tu as découvert que le problème pouvait se résoudre.

5.   Indiquer ensuite au lecteur comment lui aussi peut se procurer le livre et résoudre ainsi son problème. - *pour vivre une vie heureuse à nouveau* -

Il faut que tu déclenches des réactions auprès des personnes qui te lisent, qu'elles soient bonnes ou mauvaises, peu importe. Mais il faut surprendre le lecteur et attirer son attention.

Comment faire une bonne description ?

En utilisant la technique du harpon :

➤ Cette technique consiste à lancer son harpon - *notre page de vente* - pour le planter sur la baleine, - *notre lecteur* - comment faire ? En capturant son attention : c'est le rôle du titre, de la couverture et de l'accroche de ta page de vente.

➤ Ensuite, on ramène délicatement le harpon avec la baleine accrochée au bout vers notre bateau. Mais tout en douceur, car elle risque de s'enfuir. On suscite donc son intérêt pour notre livre, mais elle peut très rapidement être attirée par autres chose. Le message doit donc rapidement l'intéresser au plus haut point. Ce message doit plaire au lecteur et le motiver à aller plus loin dans sa lecture ou quitter rapidement la page de vente.

➤ Puis, il faut ramener la baleine de toutes nos forces jusqu'à notre bateau, on doit provoquer le désir ! L'intérêt est présent, mais il va falloir faire appel aux émotions pour donner à la baleine l'envie de se laisser tirer. Notamment en rassurant, en apportant des garanties, un témoignage, en faisant miroiter les bénéfices, les gains après la lecture de ce livre. Prenons comme exemple un marteau : les gens ne veulent pas acheter de marteau, ils veulent juste acheter un trou dans le mur et un marteau est le moyen le plus simple d'y arriver.

➤ Finalement on pêche la baleine et on la remonte à bord en l'incitant à passer à l'action, CTA : achetez ce livre maintenant et vous résoudrez rapidement votre X problème !

Prenons pour exemple un livre de cuisine. Mais attention, ce secteur étant saturé, notre livre n'est pas qu'un simple livre de cuisine, non, mais un livre de cuisine pour les hommes célibataires désireux d'exceller dans le domaine. - *Notamment pour charmer n'importe quelle femme grâce à des talents culinaires hors du commun* -

Voici à quoi pourrait ressembler la page de vente :

Laissez-moi vous poser 3 questions même si je connais déjà les réponses. *- ici, avec l'accroche du texte de vente, on attire son attention : grâce à "je connais déjà les réponses", le prospect se dit : tiens, mais qu'est-ce qu'il me raconte lui ? Comment il peut me connaitre ? Comment il peut être aussi sûr de lui ? On attire donc son attention en le laissant s'interroger sur cette simple phrase. Il n'aura alors que 2 choix : soit il va détester et zapper rapidement ton message, car ça ne lui plait pas du tout, soit il va être intrigué par ces questions et poursuivre la lecture. Mais dans les deux cas, on aura provoqué une réaction et non une indifférence, et c'est l'objectif à atteindre -*

Voulez-vous charmer la femme de vos rêves ?
Désirez-vous maitriser les méthodes et astuces pour concevoir des recettes originales et magnifiques en un simple claquement de doigt ?
Voulez-vous libérer votre créativité culinaire ?

Si la réponse à une de ces questions est oui, alors vous êtes pile au bon endroit !

J'ai passé les 5 dernières années de ma vie, travaillant nuit et jour, suant sang et carotte à rassembler les techniques et astuces pour devenir un cuisinier hors pair, capable de donner des orgasmes culinaires à n'importe quelle femme ! La créativité et l'imagination culinaire sont des muscles qu'il faut travailler pour, non seulement manger comme un roi et être en excellente santé, mais surtout pour séduire qui vous souhaitez. Il suffit pour cela de pratiquer et de connaitre quelques secrets dont je connais les réponses ! Car femme qui rit, à moitié dans ton lit, mais femme que tu traites comme une reine, finira entièrement dans ton lit. (Ne cuisinez pas pour votre mère par pitié !)

- Comme tu peux le voir, j'ai lancé mon harpon au début avec mon accroche. Ensuite, je suscite son intérêt tout au long de cette accroche : "J'ai passé ... N'importe quelle femme !" puis je provoque son désir : "Car femme qui rit... entièrement dans ton lit". En usant d'un statut d'expert : 5 dernières années à travailler sur ce livre, je continue de susciter son intérêt tout au long de la page de vente : "quelques secrets dont je connais les réponses !" Et à la fin, j'ajoute une touche d'humour pour le faire sourire, lui donner une émotion positive : "Ne cuisinez pas pour votre mère par pitié !" -

Ce livre a pour objectifs de vous permettre de libérer votre créativité culinaire et s'attirer les foudres de vos voisins. *- on remet le mot-clé "créativité culinaire" pour bien appuyer sur le sujet* – **Commandez-le au plus vite pour apaiser votre estomac et votre sexualité !** – *Enfin, l'appel à l'action -*

Je sais, ça a l'air assez simple vu comme ça, mais c'est plus compliqué qu'il n'y parait. Pour réussir à faire des textes de vente efficaces, il faut du travail. J'ai étudié les meilleures techniques de copywriting pendant 4 ans, et encore aujourd'hui. Mais j'ai toujours l'impression de n'être qu'un débutant : c'est un travail de longue haleine, mais qui te sera très bien récompensé si tu le maitrises dans n'importe quel domaine de ta vie.

Utilise le plus possible l'espace disponible dans la description pour ta page de vente. Sinon, si tu maitrises déjà quelques techniques de copywriting, alors quelques lignes suffiront pour être percutantes.

Chapitre 9 : Booster tes ventes !

Enfin, tu as publié ton livre et il vient juste d'être validé et mis en ligne, mais tu penses avoir fini le travail ? Loin de là. D'ailleurs, c'est maintenant que les choses vont commencer à devenir plutôt intéressantes. Tu vas devoir user et abuser des outils proposés par Amazon sur la plateforme KDP pour propulser ton livre sur la stratosphère et faire exploser tes ventes !

Une fois que ton livre a été approuvé et est disponible en ligne, rends-toi dans ta bibliothèque sur KDP et clique sur l'onglet "promotion et publicité" du format ebook Kindle de ton livre. Clique ensuite sur la case "promotion livre gratuit" dans l'encadré "lancer une promotion portant sur le prix". Attention, il faut cependant que ton livre soit inscrit au programme "KDP Select" pour effectuer cette promotion. De plus, une fois la promotion activée, tu ne pourras pas refaire ce genre de promotion avant 3 mois, alors sois sûr de ton coup. Sélectionne les dates de début et de fin - *en choisissant bien les 5 jours disponibles, ne te limite pas à moins* - et clique sur "confirmer". Ta promotion démarrera à la date que tu auras sélectionnée. Je te conseille tout de même de la lancer le lendemain de la publication du livre sur la boutique Amazon.

Une fois que cette promotion a été effectuée, patiente jusqu'au lendemain et demande à des amis d'acheter le livre en format Kindle - *l'ebook, qui sera gratuit* - et de poster un commentaire positif. *– ils peuvent par la même occasion le lire si le livre les intéresse* - Il va te falloir entre 3 et 6 commentaires compris entre 4 et 5 étoiles. - *Attention, il ne faut pas que tous les commentaires de ton livre soient des 5 étoiles. Sinon, Amazon va voir que ce sont des faux commentaires et risque fort de te sanctionner en diminuant ta visibilité auprès de clients potentiels* - Ce que je te conseille, c'est de faire poster 1 commentaire par jour - *donc 5 commentaires au total, car le livre sera gratuit durant 5 jours* – Évidemment, vu que tu leur en demandes déjà beaucoup, donne leur un commentaire déjà écrit par tes soins, comme ça ils auront juste à copier-coller ce commentaire.

Il te faut notamment des commentaires qui donnent envie à des clients potentiels d'acheter ! Cet effet a un nom, il s'agit de la preuve sociale. - *"social proof" en anglais* - Concernant nos décisions d'achat, nous ne savons pas vraiment comment nous comporter face à un produit en règle générale. Ainsi, nous nous inspirons du comportement des autres pour déterminer la façon la plus adéquate d'agir. Les paroles et actions des autres sont une source de motivation très puissante à laquelle nous sommes confrontés. Le nom de cet effet est l'effet de groupe : on cherche à ressembler à un groupe donné de par nos actions. Dans notre cas, on veut que le client potentiel se sente en confiance lorsqu'il regarde les commentaires du livre pour l'acheter à son tour. Nous choisissons souvent de nous conformer aux décisions des autres, alors sers-toi-en pour finir de convaincre les plus aguerris de tes prospects. On utilise très souvent cette technique lors d'œuvres de charité. En effet, lorsqu'une association montre la liste de ses donateurs actuels à des donateurs potentiels, ils ont beaucoup plus de chance de recevoir un don car les potentiels donateurs voudront se conformer aux autres donateurs et ils seront plus facilement généreux pour la cause.

Exemple de bon commentaire : « Je ne connaissais pas du tout cet auteur, J'ai eu quelques doutes, mais j'ai essayé et j'ai adoré son livre ! C'était vraiment très intéressant, c'est un livre que je recommande chaudement ».

Sinon, tu peux utiliser des commentaires sur les objectifs accomplis par les acheteurs - *l'objectif principal du livre* - :

« Je cherchais un livre pour développer ma créativité culinaire, je ne savais pas trop par où commencer, car il y a beaucoup de ressources et de possibilités. Je me suis laissé tenter par ce livre et je dois avouer que les méthodes et les astuces présentes à l'intérieur m'ont permis de rapidement prendre la main en cuisine et faire crier tout mon immeuble par mes nuits agitées ».

Évidemment, tu dois te le demander, mais j'ai appliqué la même stratégie pour ce livre. Ne te sens pas berné, bien au contraire. Regarde, si tu as acheté ce livre et que tu es en train de le lire en ce moment même, c'est que tu as forcément dû regarder la notation qu'il avait - *et peut être même les commentaires* - n'est-ce pas ? Et ça a notamment fait basculer ton envie d'acheter ce livre. Évidemment, s'il n'avait eu aucun commentaire, voire pire un commentaire négatif, l'aurais-tu acheté ? Je ne pense pas. Tu vois que cette stratégie fonctionne à merveille quand elle est bien utilisée.

Si tu n'as pas d'idée pour écrire un commentaire pertinent, va voir les commentaires d'autres livres dans ta catégorie. Regarde ce que les gens en disent, inspire-toi ! Copie-les en changeant les emplacements des mots-clés et adapte le commentaire pour ton livre bien spécifiquement.

Une dernière stratégie pour booster la vente de tes livres, c'est de le faire traduire pour les autres marchés Amazon ! Je pense principalement à l'anglais, mais tu peux aussi le traduire dans d'autres langues. Évidemment, tu ne vas pas le faire traduire sur Google traduction, utilise le service "DeepL" : c'est le meilleur traducteur qui existe de nos jours. En plus, le premier mois est gratuit et sans engagement, autant en profiter non ? Surtout si c'est gratuit. Sinon, si tu souhaites conserver ton abonnement à ce service, il coûte 30€ par mois et c'est vraiment un très bon investissement.

Chapitre 10 : les 8 erreurs à ne pas faire

Dans ce chapitre, on va retracer ensemble 8 erreurs à ne pas faire et que tu peux facilement éviter une fois que tu les connais.

1.   **Utiliser de mauvais mots-clés :** Mauvais mot-clé = pas de trafic = pas de vente. Comprends bien que même si ton livre est parfait, du titre à la description, de sa couverture à l'intérieur, si tu n'utilises pas les bons mots-clés, tous tes efforts seront réduits à néant. Si ton produit est invisible, même s'il est parfait, tu n'en vendras pas ou très peu. Utilise en priorité les mots-clés de la niche dans laquelle tu rédiges, puis descends vers des mots-clés un peu plus généralistes. *- un maximum de 2, sinon tu seras vite noyé sous la concurrence -*

2.   **Les fautes !** Je pense que je n'ai pas besoin de développer ce point plus en détail. Tu m'as compris : un livre bourré de fautes d'orthographe ou de syntaxe n'est pas un livre de qualité et tu risques de recevoir de très mauvais commentaires. Alors relis bien ton livre et surtout fais-le corriger !

3.   **Tu ne passes pas assez de temps à promouvoir tes livres !** Lorsqu'on est auteur auto-édité, il faut passer autant de temps à promouvoir ses livres qu'à les écrire, voire même encore plus. C'est un aspect vraiment essentiel. Utiliser les bonnes stratégies décrites dans ce livre au moment adéquat propulsera tout simplement ton livre dans l'espace afin qu'il puisse se vendre.

4.   **Tu fais comme tout le monde.** Si tu veux faire décoller ton livre et le vendre, il faut impérativement que tu te mettes en tête qu'il faut que ton livre se démarque de la concurrence. C'est un des piliers si tu veux réussir à vendre sur Amazon et sur le web en général. Sois original ! Démarque-toi par ta couverture, ton titre, ta page de vente, tout ce que tu pourras. Prends le meilleur de tes concurrents, retravaille

certains aspects, mais ne copie pas et surtout sois novateur ! Expérimente, il n'y a que comme ça que tu réussiras à te démarquer.

5. **Tu ne niches pas assez ton livre et ne te mets pas à la place de ton client.** Quand on parle de grosse niche, on parle également de beaucoup de trafic. Mais très souvent, il y a beaucoup de produits en compétition, donc beaucoup de concurrence. Comme tu le sais déjà, plus il y a de concurrence et plus il te sera difficile de te démarquer. Sers-toi des niches qui ne possèdent pas beaucoup de produits, mais suffisamment de trafic et exploite-les ! Mets-toi bien à la place de ton client aussi. Comme je te l'ai déjà expliqué, si tu t'adresses à tout le monde tu ne t'adresseras à personne. Tu ne vas pas parler à Julie 20 ans de la même manière qu'à Raoul 67 ans, penses-y à chaque fois.

6. **Tu ne respectes pas les règles de droits d'auteur et de trademarks !** Cette erreur-ci, elle est mortelle. Car elle peut entrainer le bannissement en bonne et due forme de ton compte Amazon KDP. Pense à bien vérifier sur le site de l'INPI les marques déposées et ne copie pas un livre déjà existant ! Par exemple, si tu rédiges un livre pour enfant et que tu mets Mickey sur la couverture, tu ne respectes pas les règles de trademark et ton compte sera banni, car Mickey est une marque déposée par Disney. Autant éviter ce genre de désagréments non ?

7. **Tu veux faire du marketing extérieur à Amazon.** Penses-tu sérieusement avoir besoin de perdre ton temps à multiplier les sources de trafic pour ton livre qui s'est vendu à 10 exemplaires en 3 mois ? Ton offre fonctionne-t-elle déjà naturellement, de manière organique ? Ton livre a-t-il rencontré son marché, sa niche ? Si tu n'as pas de réponse positive à ces questions et que ton livre te rapporte moins de 500€ par mois, alors ça ne te sert à rien d'investir du temps et de l'argent dans une publicité Facebook ou sur Pinterest. Concentre-toi plutôt sur l'essentiel d'accord. 80% de tes résultats, de tes ventes, doivent être effectués de manière organique ! Très souvent quand on débute et qu'on ne vend pas ou pas suffisamment, on perd son temps à chercher des causes extérieures ainsi que des solutions. "Oh bordel,

faut que j'utilise Pinterest !", "il me faut un site internet pour promouvoir mon livre !". La réponse à ceci est **NON** ! Tu dois vendre naturellement sur Amazon et rencontrer un fragment de succès avant même de penser à faire de la publicité. Si ton livre n'a pas passé le test du marché, tu vas bêtement perdre de l'argent en essayant de le vendre. Le marketing extérieur à Amazon ne doit pas être un pansement face à ton manque de résultats. Faire la promotion d'un livre doit être fait uniquement pour développer une croissance harmonieuse à grande échelle. Ainsi, on fait de la publicité sur un livre qui fonctionne déjà naturellement et dont on veut augmenter les ventes. Non pas pour promouvoir un bouquin qui est susceptible de marcher seulement dans ta tête. De plus, ça ne sert à rien de faire de la publicité à l'extérieur d'Amazon. Amazon possède lui aussi son propre service de publicité qui défie toute concurrence, mais ça je t'en parlerai dans un autre ouvrage.

8.   **Réitérer quelque chose qui ne marche pas et reproduire les mêmes erreurs.** Tout ce que tu dois faire en tant qu'auteurpreneur si tu souhaites réussir est assez simple : premièrement, effectuer une action, - *publier un livre sur un sujet intéressant* – ensuite, analyser comment le marché a réagi, - *analyser son livre, a-t-il marché ou non ? A-t-il engendré des bénéfices ? Est-ce que les ventes sont en train de croitre ?* Puis en tirer des conclusions, - le livre a marché pour X raison, le livre n'a pas marché pour X raison), pour finir, utiliser ces conclusions pour refaire une action. - *le livre a marché : réutilise les mots-clés, recommence le même processus de création et republie un second ouvrage dans la même niche, car elle n'est pas saturée et a priori elle fonctionne/ Le livre n'a pas marché : tu as 2 solutions, soit tu peux republier dans cette niche, mais différemment pour observer si c'est toi qui as raté ton ouvrage ou si c'est la niche qui est saturée, soit, seconde option, publier dans une autre niche en réutilisant le même processus de création, afin de tirer de futures conclusions, savoir si c'est ta façon de faire qui ne va pas et ce qu'il faut changer pour que ça marche* - Désolé de te le dire comme ça, mais c'est complètement de ta faute si tu ne vends rien et non celle d'Amazon. Prends-toi en main et agis avec finesse, apprends de tes erreurs, mais apprends aussi de celle des autres, surtout quand tu observes une niche. Tu sauras ce qu'il ne faut pas faire

dans une niche donnée, et donc par définition tu sauras ce qu'il faut faire pour réussir. Chaque livre qui ne se vend pas doit te donner un aperçu et des conclusions pour t'améliorer lorsque tu publieras le suivant. À l'inverse, chaque livre qui se vend te donnera un processus de création qui fonctionne et il faudra donc le réitérer.

Des erreurs, nous en faisons tous et tu en feras encore beaucoup, tout comme moi. Toutefois, si celles-ci peuvent être évitées, c'est déjà un grand pas en avant, et cela fera la différence entre un auteur médiocre et un auteur à succès en devenir.

Chapitre bonus : Faire rédiger son livre pour un prix qui défie toute concurrence

Je te fais part de ma dernière astuce pour rédiger un livre rapidement. Quelques fois, on n'a tout simplement pas le temps d'écrire, absorbé par notre quotidien. Mais malgré tout, tu veux publier un livre cette semaine. Dans ce cas, tu n'as plus seulement une casquette d'auteur, mais également celle d'un éditeur.

Il te suffit d'embaucher des rédacteurs sur des plateformes de freelance, ils vont ainsi s'occuper de toute la partie rédaction du livre. Mais il y a tout de même quelques règles à respecter si tu ne veux pas perdre ton temps et avoir un livre d'une qualité médiocre. Quand tu contactes des potentiels rédacteurs pour ton livre, ne leur dis pas "je veux faire rédiger un livre", ils vont te demander des sommes astronomiques ! Il te suffit tout simplement de dire lors de votre premier contact "je veux que vous écriviez un court rapport sur un sujet en particulier", tout en choisissant 1 rédacteur pour chaque axe différent du livre. De plus, il faut que tu arrives directement avec le plan détaillé rédigé et les idées pour pouvoir leur transmettre. Ainsi, tes rédacteurs ne vont pas se perdre ou faire de hors sujet en rédigeant quelque chose qui n'était pas ce que tu voulais à la base.

Pourquoi faut-il prendre plusieurs rédacteurs ?

Simplement car tu réduiras tes coûts de rédaction. En effet, si tu prends par exemple 5 rédacteurs pour 5 axes différents de ton livre, chacun des rédacteurs va te coûter aux alentours des 20€ pour une douzaine de pages, soit une centaine d'euros au total. Tandis que si tu ne choisissais qu'un seul rédacteur, non seulement il prendrait beaucoup plus de temps à écrire, mais il te coûtera aussi beaucoup plus cher, car il saura que c'est pour la rédaction d'un livre. Et crois-moi, personne n'écrit un livre pour seulement 100€.

Ce qu'il faut éviter à tout prix, ce sont les prestataires de mauvaise qualité, ceux qui n'ont aucun talent de rédaction. Ainsi, contacte des rédacteurs, parle-leur et observe leur façon d'écrire. Vois ce qu'ils te proposent, regarde les avis que des clients avant toi lui ont laissé. Avant d'en embaucher un, tu dois pouvoir lui demander et surtout observer ses travaux précédents, si son offre est détaillée, la réactivité de sa réponse, la qualité de son langage et son écriture au cours de vos échanges. Mais il faudra que tu sois très strict dès le départ : il faut lui dire que tu vas effectuer un contrôle de plagiat une fois qu'il t'aura remis le document, - *et le faire vraiment* - aussi, il faudra lui faire signer un contrat de confidentialité pour qu'il ne vienne pas te mettre des bâtons dans les roues une fois le livre publié et qu'il veuille te voler ton œuvre. Ne les tutoie pas, jamais, car tu les payes, soit intransigeant sur la qualité de leur travail. Il faut que tu sois professionnel et très réactif, sinon ils vont faire vraiment n'importe quoi et te prendre pour un c**.

Une fois tous les axes rédigés, tu n'auras simplement qu'à fusionner le tout et relire l'intégralité pour corriger les éventuelles erreurs ou même reformuler des phrases afin que ce soit harmonieux lorsque ce sera mis bout à bout. Il faudra tout de même que tu rédiges une introduction et un mot de la fin ou une conclusion. Et voilà, tu as fait rédiger et publier un livre en quelques jours, plutôt que de passer des semaines à plancher dessus sans vraiment avancer dans la rédaction.

Pour obtenir un contrat de confidentialité, va sur le site « documentslégaux.fr », il y a plein de contrats de rédacteurs déjà pré-remplis à ta disposition. Mais n'oublie pas d'impérativement lui faire signer, avant même de lui avoir transmis tes documents. On ne sait jamais, mieux vaut rester prudent.

Épilogue

J'espère que la lecture de ce livre t'aura été agréable et qu'il te permettra de passer efficacement à l'action. Maintenant, tu connais tous les secrets pour maximiser ton potentiel d'écrivain et tes revenus en tant qu'auteur-preneur. Tu te rendras compte que publier un livre est très gratifiant, mais dépitant en même temps. Car la réalité, c'est que 99,9% de la population malheureusement ne le lira pas en entier. Si tu lis ces quelques lignes, je suis extrêmement honoré d'avoir retenu ton attention tout au long de ce guide et de t'avoir tant appris. J'aimerais te remercier personnellement, du fond du cœur. Si ce livre t'a plu et qu'il t'a apporté une quelconque valeur, rien ne me ferait plus plaisir que si tu le recommandais aux personnes de ton entourage qui pourraient en bénéficier. Je ne te remercierai jamais assez de m'avoir donné l'opportunité de te partager tout ce que j'ai appris dans le monde de l'écriture sur Amazon, je te souhaite le meilleur et je me réjouis d'avance de te voir réussir ! Je sais que tu vas y arriver, il suffit simplement que tu aies confiance en toi et tes rêves se réaliseront !

Si tu veux me contacter pour me poser d'éventuelles questions, je serais ravi de te répondre le plus vite possible ! A l'adresse : stanjuliann@gmail.com

Sinon tu peux me rejoindre sur mon site : www.les-nouveaux-scribes.fr ou bien flasher directement ce QR code :

N'hésite surtout pas non plus laisser ton avis à propos du livre sur amazon, même succinct, cela m'aide énormément, je suis toujours à l'écoute de critiques constructives qui permettraient d'améliorer ce guide ou simplement de savoir si tu l'as apprécié et qu'il t'a été utile. Alors même s'il ne fait que quelques mots, je te serais extrêmement reconnaissants de me laisser ton ressenti dans un commentaire.

Pour cela, il te suffit de flasher le QR code pour atterrir directement sur l'espace commentaire Amazon du livre.

Pense à la quantité de gens que tu aiderais simplement avec ce commentaire et avec ton avis honnête.

Merci encore pour ta confiance.

Succès, bonheur et écriture.

Les autres livres de Stan Juliann

Liens utiles

Le guide de survie juridique, un excellent livre pour le côté « Légal » de l'écriture.

Les règles typographiques que tout auteur devrait connaître.

Pour ceux qui souhaite se renseigner sur l'écriture d'un roman.

www.ingramcontent.com/pod-product-compliance
Lightning Source LLC
LaVergne TN
LVHW092030060326
832903LV00058B/495